泰拳入门技术图解

〔德〕克里斯托夫·德尔普 / 著

滕达 / 译

北京科学技术出版社

Published by agreement with the North Atlantic Books through the Chinese Connection Agency

著作权合同登记号　图字：01-2022-3573

图书在版编目（CIP）数据

泰拳入门技术图解 / （德）克里斯托夫·德尔普著；滕达译 . —北京：北京科学技术出版社，2022.10
（格斗技图解）
书名原文：Muay Thai Basics: Introductory Thai Boxing Techniques
ISBN 978-7-5714-2469-5

Ⅰ . ①泰… Ⅱ . ①克… ②滕… Ⅲ . ①泰拳—图解 Ⅳ . ① G886.9-64

中国版本图书馆 CIP 数据核字 (2022) 第 123483 号

策划编辑：曾凡容		电话传真：	0086-10-66135495（总编室）
责任编辑：曾凡容			0086-10-66113227（发行部）
责任校对：贾 荣		网　　址：	www.bkydw.cn
版式设计：创世禧图文		印　　刷：	北京宝隆世纪印刷有限公司
封面设计：志 远		开　　本：	889 mm × 1194 mm　1/16
责任印制：吕 越		字　　数：	153 千字
出 版 人：曾庆宇		印　　张：	11.75
出版发行：北京科学技术出版社		版　　次：	2022 年 10 月第 1 版
社　　址：北京西直门南大街 16 号		印　　次：	2022 年 10 月第 1 次印刷
邮政编码：100035			
ISBN 978-7-5714-2469-5			

定　　价：119.00 元

作者简介

克里斯托夫·德尔普
（Christoph Delp）

　　工商管理硕士、作家、泰拳教练、健身教练。1995—2001年，他多次到泰国参加泰拳的训练，有丰富的比赛经验。代表作：*Fitness für Männer*（2005），*Best Stretching*（2005），*Bodytraining im Fitness-Studio*（2004），*Muay Thai*（2004），*Muay Thai：Advanced Thai Kickboxing Techniques*（2004）。

摄影师

诺帕多尔·维瓦特卡莫瓦特
（Nopphadol Viwatkamolwat）

　　职业摄影师，毕业于美国布鲁克斯摄影学院，1996年从事摄影。

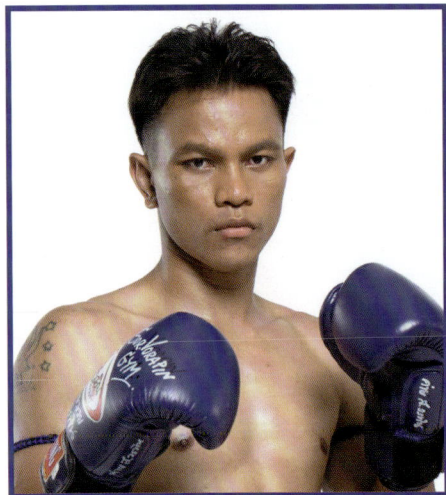

动作示范者

查万·达斯里（Chawan Dasri）

拳击手花名：查万·索尔·沃尔彭（Chawan Sor.Vorapin）

战绩：130 场职业比赛，最佳排名是叻喃隆拳场第二名。

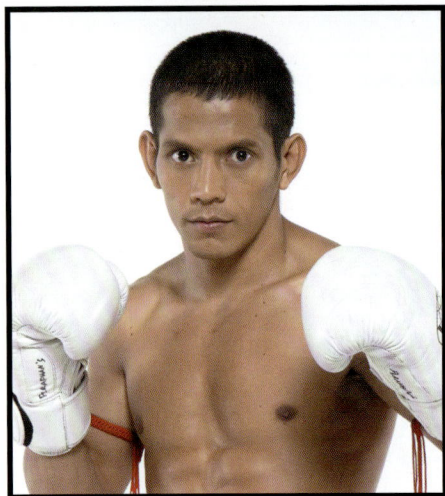

帕蒂芬·西玛莱（Patiphan Simalai）

拳击手花名：帕蒂芬·索尔·沃尔彭（Petchgnam Sor.Vorapin）

战绩：115 场职业比赛，最佳排名是叻喃隆拳场挑战者。

颂秋·霍姆凯（Somchok Homkaew）

拳击手花名：颂秋·索尔·普隆吉特（Chotavee Sor.Ploenjit）

战绩：约 100 场职业比赛、60 场业余比赛，泰国国家拳击队成员。

推荐序

泰拳是一项以力量与敏捷著称的运动，主要运用人体的双拳、双腿、双肘、双膝进行攻击，被称为"八臂拳术""八条腿的运动""八肢的艺术""八体的科学""最强站立式格斗技"等。泰拳虽然源于泰国，但它目前是属于世界的搏击运动。泰拳技术的威力很大，如肘法、膝法、扫踢都可以击倒对方，所以它受到自由搏击、综合格斗选手的喜欢。另外，泰拳技术也可以用来防身自卫和健身，受到女性群体的欢迎。

我于 2006 年入选首批中国国家泰拳集训队；2007 年 11 月代表中国参加在澳门举行的第二届亚洲室内运动会并获得 60KG 级银牌，实现了中国在泰拳史上奖牌零的突破；2009 年 1 月出任中国国家泰拳队教练，11 月带领中国国家泰拳队赴越南参加亚洲室内运动会，获得 1 金 2 银 1 铜，这次的金牌是中国获得的第一枚泰拳金牌；2011 年创立了湖南戈锐武将俱乐部并任总教练，培养了众多顶级职业拳手，如世界泰拳锦标赛亚军 FF 职业格斗联赛五连胜谢宇航，荣耀格斗（GLORY）中国区八人赛 70 公斤级冠军徐溜，普吉岛邦格拉拳场金腰带得主莫永辉、邱和俊，真武魂 WBK 极限格斗职业联赛金腰带得主任亚伟，"终结者"胡彬乾、颜家豪等；帮助职业格斗选手备战，如帮助"神鹰"贾奥奇获得世界第二的名次。

一路走来，我发现无论是职业泰拳、业余泰拳（运动会及锦标赛的泰拳比赛），还是健身泰拳，教练队伍的整体水平有待提高，训练课程缺乏科学安排，练习泰拳的人群虽在不断增多但体量相对于其他运动项目而言还很小。同时，在这个信息爆炸的时代，互联网上关于泰拳的信息有很多，但这些信息是杂乱的，需要读者去筛选、鉴别，从而导致读者学习泰拳的效率很低。要想更好地在中国推广泰拳，提高泰拳教练的执教水平，一本具有完整泰拳知识体系的书不可缺少。我认为《泰拳入门技术图解》中文版本的出版将有助于我国的泰拳俱乐部建立或优化自己的教学体系，有助于泰拳爱好者成体系地学习和练习泰拳技术。

《泰拳入门技术图解》从泰拳的传统文化开始讲起，接着介绍了泰拳的抱架、步法、拳法、肘法、蹬技、踢技、内围缠抱技术等，最后介绍了泰拳的训练方法和训练计划。本书的作者不仅多次前往泰国跟随泰拳大师（如泰国"拳圣"亚披勒）学习，而且对利用泰拳健身也深有研究，所以他非常了解对泰拳初学者有用的技术。本书针对泰拳的入门技术进行讲解，介绍得非常详细，不仅用文字讲解了动作要领和发力技巧，还配了多张图片来展示技术动作。技术动作的演示者是泰国最著名的拳场——叻喃隆拳场的拳击手。不管你是打算自学泰拳技术，还是已经在拳馆跟随教练学习，书中的技术都值得你认真研究，勤于练习，从而打牢基本功。

20多年过去了，我对格斗这个行业的初心没变，始终渴望擂台，始终热爱格斗。受邀为本书写序，我感到非常荣幸。我也希望更多关于格斗的图书出版，以推动我国的格斗水平进一步发展。

张波

前中国国家泰拳队主教练

荣耀格斗（GLORY）中国区推广人

格斗者公社联盟主席

中国搏击技术联盟联合创始人

湖南戈锐武将俱乐部创始人

译者序

  泰拳作为小众新兴体育项目，尤其受到都市白领的青睐。人们在很大程度上改变了一提及搏击便是"野蛮""暴力"的观念，给泰拳更新的标签诸如"效率""专注""勇气""防身"。我在推广泰拳的过程中发现，一方面，很多泰拳教练教学没有体系是制约泰拳乃至所有搏击运动快速发展的桎梏；另一方面，随着互联网的飞速发展，信息共享帮助人们更加快速地获取学习资料，但同时也导致了信息爆炸，很多糟粕无差别地传递给了渴望学习的泰拳爱好者。互联网上出现了各种各样关于搏击流派、教学方法、发力方式等各种争端。这是所有搏击运动推广者和爱好者都不愿意看到的局面。

  我在翻译本书的过程中发现，其能很好地解决以上两大问题。本书为教练提供完整而详尽的教学方法、细节和课程体系，甚至还给出了招数套路的模板，可谓是初级教练员的福音。本书将能帮助更多的教练成体系地培训学员，有效地推动泰拳的推广。本书作者以严谨的学术态度采访了众多泰拳界的大师并通过自身的大量练习体会概括了发力技巧，罗列了常见错误，可以说这是泰拳理论学习的统一和规范。

  我作为泰拳推广人、泰拳教练，从来都反对一家之言，百花齐放、百家争鸣才是盛世之兆，但我希望通过本书的翻译和出版，帮助读者提高甄别能力，在茫茫的信息海洋中以此书为标准，去伪存真，取精弃糟。这样便能最大限度地消弭互联网上各种无意义的争端，为净化学习空间起到积极作用。

  在本书的翻译过程中，张彤女士对于初稿做出了很大的贡献，在此表示感谢。

滕达

2022.07.09 于南京

前　言

我在 1995 年决定去泰国参加训练之前就已经练了几年全接触式格斗。我去了泰国东北部的马哈沙拉堪省（Maha Sarakham）学习泰拳。德卡（Decha）大师接纳了我，并邀请我和他的家人住在一起。我与我的教练德卡大师、萨尼蓬·皮塔克瓦林（Saknippon Pitakvarin）和肯佩特·卢克西勒姆（Kenpet Luksilum）在一起训练和生活了几个月，这为我深入学习泰拳提供了机会。在那段时间里，我完善了我的第一本书 Muay Thai: Sport and Self-Defense 中的概念。

对泰拳的热情，以及对德卡家庭和他们朋友的喜爱，是我后来定期去泰国参加训练的原因。直到今天，我还与德卡大师的拳馆保持着友好关系。

我很幸运地得到了菲尔泰斯（Fairtex）拳馆的多次冠军得主、泰国拳圣——"旋风腿"亚披勒（Apideh Sit Hiran）和泰拳学院（Muay Thai Institute）查理（Chalee）大师的指导。本书也会提到他们的个人技巧。在这两个训练营里，我还得到了其他优秀教练的指导，如纳查普尔（Natchaphol）大师、诺伊 (Noi) 大师、孔 (Gang) 大师、贾基德·费尔泰斯（Jakid Fairtex）、科姆·费尔泰斯（Kom Fairtex）和派西通·乔桑巴德（Paisitong Jorsambad）。

在曼谷（Bangkok）、马哈沙拉堪省、武里南省（Buriram）、春武里省 (Chonburi)、芭提雅省 (Pattaya) 和苏梅岛 (Koh Samui) 的所有训练营里，我都受到了热烈的欢迎和热情的接待。我在泰国拳馆与教练和拳击手相处的所有

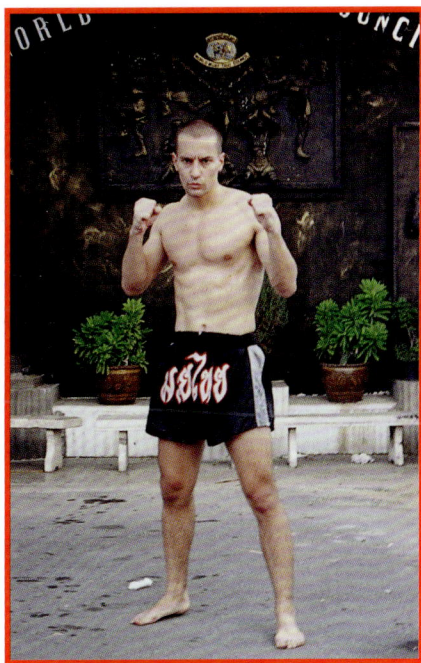

作者于 1999 年在曼谷泰拳学院

经历都是令人难忘的。

　　泰拳作为泰国文化的一部分，应该推广给大众。泰拳带给了我很多快乐。我想把这份快乐通过我的书传递出去。我希望所有读者都喜欢本书，希望泰拳带给你们的快乐和我的一样多。

　　衷心感谢所有帮助我撰写这本书的人，特别是我的家人、德卡大师、奥利弗（Oliver）、埃克哈德·格拉图（Eckhard Glatow）、安努伊·凯斯布隆（Amnuay Kesbumrung）、诺帕多尔·维瓦特卡莫瓦特、珀拉潘·朗斯库尔皮法特（Peraphan Rungsikulpiphat）、宋猜·拉达呐苏班（Songchai Ratanasuban）、颂蓬·斯里希里上校（Colonel Somphob Srisiri）、门尼·奥西（Menny Ossi）、托马斯·莱特（Thomas Letté）、丹尼尔·加勒斯（Daniel Gallus）、理查德·德尔普（Richard Delp），还有为本书拍摄照片的拳击手。

我的教练

　　吉萨努邦·尼塔亚罗斯（Chitsanupong Nittayaros），即德卡大师，出生于 1960 年，有 145 场职业泰拳比赛战绩，以业余泰拳比赛为主。他致力研究体育学，是体育与健康专业的毕业生。他培养了许多成功的泰拳拳击手，并在澳大利亚、希腊、日本、菲律宾和文莱等地执教。

　　查理·昆塔里（Chalee Khuntharee），即查理大师，花名为普哈特莱克·锡春通（Phuhatlek Sitchunthong），出生于 1961 年，参加过 219 场职业泰拳比赛，在 3 个不同的重量级比赛中获得过 5 次冠军。他致力研究体育学，是体育与健康专业的毕业生。他是前曼谷泰拳学院首席教练。

　　纳龙·松马尼（Narong Songmanee），花名为亚披勒。出生于 1935 年，参加过大约 300 场职业泰拳比赛，获得过 7 次冠军，拥有世界拳击协会（WBA）和世界拳击理事会（WBC）的冠军挑战权。亚披勒有着"旋风腿"的称号，被认为是泰拳的传奇人物、泰国拳圣。许多人都认为他是泰国有史以来最优秀的泰拳拳击手之一。他在曼谷的菲尔泰斯拳馆担任教练，同时他还在美国教拳。

目　录

第一章

认识泰拳

回旋踢只有泰拳高手才能成功运用

有关泰拳的疑问

泰拳，又称泰国拳术，是泰国的国术。在泰拳比赛中，拳击手令人惊叹的技术、韧性和精神面貌让观众兴奋不已。泰国的许多体育场每天都会进行泰拳比赛。与此同时，这项运动在泰国以外的地方也有大量的拥趸。

在泰拳比赛开始前，拳击手们会伴随着音乐举行一个类似舞蹈的仪式。观众的尖叫声和体育馆的音乐营造出一种紧张、刺激的氛围。在 5 个回合的比赛中，拳击手们会用自身最高水平的技术互相攻击，直至筋疲力尽。这些技术需要用到脚、胫骨部位、膝部、肘部和拳头。

早年有许多武术大师多次访问泰国并对泰拳拳击手发出挑战，均以失败而告终。这也体现了泰拳技术的有效性和影响力。

泰拳：武术与运动

泰拳起源于暹罗（泰国的旧称），是暹罗人抵御外族侵略者的武术。暹罗人使用剑、长矛和泰拳技术作战。泰拳技术那时已经显示出其具有巨大的杀伤力，直至今日仍然可以用于防身自卫。

泰拳的技击运动属性变得越来越重要。暹罗在几个世纪前就组织了泰拳比赛，逐步制定和统一了赛事规则，并且于 20 世纪修建了泰拳场。

自 20 世纪末以来，越来越多的人对泰拳产生了兴趣。大部分人都了解到泰拳不仅是一种自我防卫的手段，更是一种强身健体的绝佳方法。

阿姜·颂波·塔皮呐（Ajaarn Somboon Tapina）于 1960 年在泰国比赛前

质疑与偏见

人们之所以对泰拳有偏见，可能是因为他们获得的信息不足，也可能是因为有人对这项运动的使用不当，如一些俱乐部的武术教练经常将他们所学的武术技术与他们所认为的典型的泰拳元素结合后开设一门新课程。此外，一些国家的武术教练认为通过教授泰拳这种不为人知的武术类型是赚钱的好机会。然而，他们并没有泰拳训练的背景，只是开发了一种特殊类型的训练方法，这种训练方法在许多旁观者看来是暴力的，而且教练在教授时也没有对技术进行合理的解释。在泰国，其他类型的武术越来越多地采用了泰拳元素。然而，泰拳在国际社会上的声誉并不高。在此背景下，泰国政府开始推广真正的泰拳。

■　泰拳（Muay Thai）和泰国拳击（Thai boxing）一样吗

泰拳是泰国拳击在国际上被人们熟知的名称。由于一些英语地区的教练使用泰国拳击的叫法，但其训练方法不规范而导致泰国拳击声誉不佳，因此这项运动的许多支持者现在更愿意称之为泰拳。

扫踢

■　泰拳是从踢拳演变而来的吗

踢拳起源于 20 世纪。相比而言，泰拳是一门具有数百年历史的武术。踢拳起源于北美和日本两个不同的地区。北美踢拳只是改变了一些规则的空手道。日本踢拳是一位日本人修改了泰拳的规则（如禁止使用肘部和膝关节）后的武术，他先在日本开办学校，随后组织相关的比赛。这也是 K1 比赛规则类似于泰拳比赛规则的原因之一。K1 比赛曾在日本体育场进行直播，观众超过 60 000 人。

德尔普（右）与泰拳学院创始人安努伊·凯斯布隆

■　师徒关系是泰拳的传统吗

泰拳是一项有着数百年历史的武术，有着许多传统。师徒关系是其中一个重要的传统。

练习泰拳的人会比普通人更强壮、更敏捷，所以泰拳教练有责任让他的学生学习武德、自尊自爱。这也是为了公共安全着想。未曾习艺先习礼，未曾习武先习德。师傅不应该教授仅仅是为了想打人而学拳的徒弟。在很久以前，泰拳师傅就认为他们有责任去教育徒弟尊重师兄弟。

在泰国，学成离开的学生会时常去拜访他们的师傅，这个习惯从过去到现在一直都保留着。即使师傅已经年老或已经不再活跃于拳坛，徒弟们也会带着礼物去拜访他们。

■　泰拳是地下运动吗

有这种偏见是因为许多泰拳拳击手来自非常贫穷的社会底层，他们想要通过赢得比赛奖金来改善家人的生活条件而为此早早辍学。一些泰国拳赛的经理会利用这些拳击手的心理来赚钱，给他们提供恶劣的训练环境，只给赢了比赛的拳击手提供正常的训练环境。一些经理会忽视那些没怎么赢过比赛的拳击手。

同时，所有的泰拳比赛都存在赌博现象，许多观众甚至靠赌

拳击手夺冠后非常开心

拳为生。因此，泰拳比赛结果跟国际拳击比赛一样经常受到人为影响就不足为奇了。

在一些讲英语的地区，拳击手学习泰拳是为了街斗。这是因为教练从没认真研究过泰拳这项运动，也不熟悉泰拳的传统。他们也因此无法将泰拳的重要价值观，如尊重他人等信息传递给学生。

目前，泰拳运动变得越来越受欢迎。大众对泰拳的许多误解和偏见已经消除。泰拳已成为一项面向大众的运动。

■　泰拳有规则吗

泰拳是一项受到严格规则限制的运动。一般来说，不允许对对手的裆部进行任何攻击，不允许头撞，不允许击打眼部。如果选手摔倒或躺在地面上，则不允许继续攻击。在女子泰拳比赛中，不允许用肘部击打对手的头部。

■　泰拳拳击手在训练和比赛中会受到严重伤害吗

身体接触类的运动永远不能完全排除受伤的风险。因此，拳击手平常训练的内容应科学设计，尤其是对练环节要尽量不造成任何伤害。

与足球等球类运动员相比，泰拳拳击手总能看到对手的进攻。在泰拳比赛中，若2名泰拳拳击手的技术水平旗鼓相当，则2人受伤的概率相当低。若2名泰拳拳击手的技术水平差距很大，较弱的拳击手对比赛准备不足，则受伤的风险较高。

与传统拳击只能用拳头击打对方的头部和躯干相比，泰拳拳击手攻击对手的击打点很多，攻击对手头部的概率会小很多。因此，泰拳拳击手在受伤不严重的情况下可以参加多场比赛。

前冠军尼奥姆·拉德纳西特（Niyom Ratanasit）和亚披勒的年龄都超过60岁，他们参加的比赛都超过了300场，都仍然坚持参与体育运动，没有任何伤病。他们确信泰拳训练并没有对他们造成任何伤害，反而增强了他们的身体机能。

■ **泰拳训练包括踢树吗**

一些武术电影有人们对着树练习泰拳技术的镜头。现在已经没有人进行这样的训练了。几个世纪前，在没有现代训练设备的情况下，人们会使用香蕉树练习腿功。这些香蕉树现在已经被沙袋所取代，沙袋填充物的硬度可以根据训练阶段的不同而更换。

■ **谁能学泰拳**

泰拳训练对男女都适用。以国际视角来看，泰拳是女性格斗练习人数增长最快的运动。在泰国，女子泰拳比赛越来越受欢迎。

德尔普（左）和亚披勒

学习泰拳并不一定要成为泰拳拳击手。与其他类型的武术相比，泰拳有许多膝法、拳法和肘法，即使不那么敏捷的人也可以习练。泰拳训练涉及所有的肌肉群，因此只要你参加训练就能提高身体素质。由于训练强度较高，泰拳也非常适合减脂塑形。

习练泰拳没有年龄限制，老少咸宜。然而，泰拳比赛规则规定了参赛者的年龄。健康方面的重大缺陷，如视力和听力有缺陷的人被禁止参加比赛。拳击手在比赛前的体检是强制性的，在比赛赛间休息时也必须接受检查。

■ **只能在泰国学泰拳吗**

如果一名泰拳教练已经接受了全方位的培训，那么他可以在任何地方教授泰拳。目前，在讲英语的地区，很多泰拳教练都拥有丰富的泰拳训练经验，也有一些所谓的泰拳教练会拿参观泰国拳馆时所拍摄的照片来编造自己的训练履历。因此，你在准备去拳馆学习泰拳之前有必要试听一节课来考察教练的教学能力。

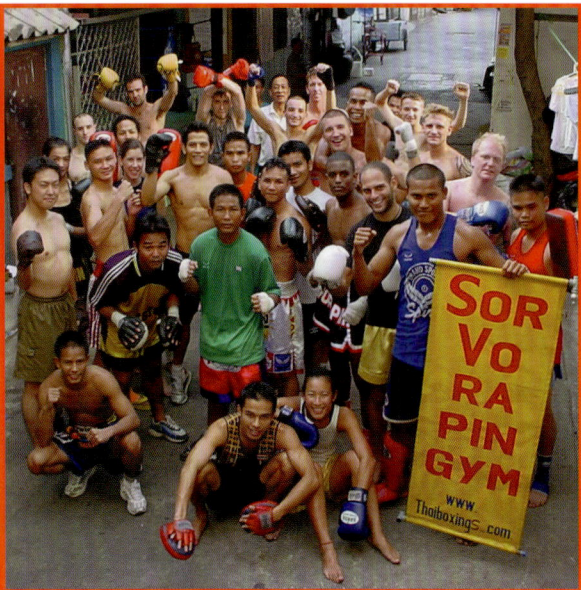

在泰国集训以提升泰拳水平

你可以在自己国家训练，再抽空去泰国集训一段时间，这能显著提高你的泰拳水平。*Muay Thai：Advanced Thai Kickboxing Techniques*（Delp，2004）一书有大量介绍在泰国接受泰拳训练的内容，并就必须考虑的事项提供了建议。

■　泰拳技术只适合小个子练习吗

经常有人说泰拳技术不适合个子高的人。这个结论是错误的，之所以有人这么认为可能是因为泰拳是由泰国人发明的，而他们的体型较小。实际上，许多来自不同国家的重量级拳击手在日本参加了高水平的K1比赛，这表明高个子练习泰拳也有用。

身高超过7英尺（2.13米）的人也练习泰拳

泰拳的历史

泰国人最初居住在中国西南部，在 9 世纪时成群结队地迁移到现在泰国的西北部，移民一直持续到 13 世纪。泰国人与邻近部落发生了许多冲突。战争期间，人们使用剑、长矛和刀等武器作战。这种结合了武器的特殊类型的武术还会以泰国短兵术（Krabi Krabong）而被传授。战士如果在冲突中丢失了武器，将继续使用手、肘和腿进行战斗。据推测，这就是泰拳的起源。泰拳在军事训练中不断被完善。泰国各省都教授当地社区居民习练泰拳以保护其免受强盗的骚扰。

大城（Ayuthaya）王朝于 1350 年建立，古都与王朝同名。大城居民长期遭受缅甸人的攻击，他们能够成功地抵御这些攻击主要是靠泰国短兵术和泰拳。在历史上被称为"黑王子"的拍纳黎萱大帝不仅在作战时英勇无比，而且其本人更精于总结各种不同的武技，他带领泰国人民解放了缅甸占领下的暹罗，光复了大

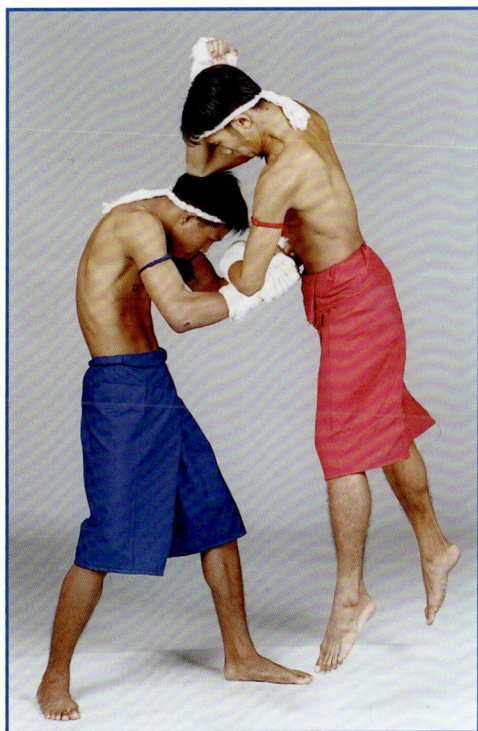

古泰拳中的前砸肘技术

城王朝。拍纳黎萱大帝意识到泰拳的重要性，对此进行了深入的研究。为了进一步提高泰拳进攻的效率，泰国人将多种不同类型的泰拳进行了比较和组合。目前，这些传统技术以古泰拳的名义被教授。

泰国国王帕昭·素（Pra Chao Sua），即虎王，非常喜欢武术，痴迷于习武。虎王为了测试自己的能力，经常乔装打扮到乡下参加擂台比赛，并战胜了当时最优秀的拳击手。

大城王朝于 1767 年被缅甸人占领并被烧毁，几乎所有的官方档案都丢失了，这就是泰拳历史的许多细节仍然模糊的原因。随后，缅甸人奴役了许多泰国人。据传说，缅甸国王在 1770 年的一个仪式上让被俘的泰国人与缅甸勇士进行格斗。乃克侬东（Nai Kha Nom Tom）自告奋勇，连续击败了缅甸 10 名最优秀的战士。缅甸国王答应了他一个愿望，之后允许乃克侬东返回泰国。后来，人们将乃克侬东扬威缅甸之日，即 3 月 17 日定为泰国拳师节。

尽管随着现代武器的发展，泰拳作为一种御敌手段的重要性在 19 世纪以来已经下降，但它在泰国历史上的地位是无法撼动的。这可能是许多泰国人对这项运动充满热情的另一个原因。

发展了几个世纪的泰拳，至今仍是一种非常有效的自卫方式。泰拳的一些技术被练习后很容易用于自卫。练习者可以使用这些技术在保护自己免受攻击的同时进行反击，所以许多军人和警察都学习泰拳。

泰拳的现状

泰拳是一种传统的全接触格斗运动。第二次世界大战后，泰拳在规则不断完善后变得越来越有影响力。泰国每天都有泰拳比赛，吸引着成千上万的观众。

泰拳比赛已经持续了几个世纪。早期的泰拳比赛是为了向国王表示敬意而进行的娱乐活动，也是为了吸引游客而设的乡村庆

泰拳冠军通猜·刀希拉猜（Thongchai Tor.Silachai）的踢击

典活动。泰拳比赛至今仍是庆祝活动的一部分。每场庆祝活动都要在活动场地搭建一个擂台。活动结束后，擂台就被拆卸并运送到下一个活动场地。

在过去的几年里，人们对泰拳的兴趣急剧上升，主要体现为参加泰拳训练班和泰拳俱乐部的人数明显增加。这可能与泰国政府重视泰拳文化的推广、举办高水平的泰拳比赛，以及武术电影日益流行有关。

泰拳拳击手

泰国有成千上万的职业泰拳拳击手。他们通常来自小村庄，在贫困家庭中长大。他们的运动能力通常在幼儿时期就得以展现。泰拳拳击手们靠参加乡村庆祝活动中的拳赛来赚钱。成绩优异的泰拳拳击手会被小型拳馆接收，然后参加省级比赛。他们可以抓住参加省级比赛的机会进入曼谷的大型拳馆，通过赢得比赛来获得奖金。奖金的大部分由发起人和拳击手平分。拳击手会把自己的一部分奖金分给他的教练。尽管拳击手的奖金需要分给发起人，但是优秀的拳击手还是能赚到很多钱。

职业泰拳拳击手进行着艰苦的训练，过着严格自律的生活。例如，在一些拳馆，泰拳拳击手睡在擂台的地面上，只有成功之后才能享有食物特权。能够与泰国选手抗衡的次中量级以下的外国选手非常少。只有在次中量级以上的泰拳拳击手排名名单上才能找到来自其他国家的选手。从中量级开始，情况发生了变化，泰国以外的拳击手占据优势地位，因为泰国很少有这样体型的拳击手。因此，泰拳很少有次中量级以上的比赛。

大量的泰拳爱好者几乎熟悉所有的拳击手，并经常在他们最喜欢的拳击手身上下注。他们以极大的热情关注比赛，无论是在现场观看还是观看电视转播。泰国电视台每周都会有几次泰拳比赛的直播。此外，几乎所有的泰国男性在某个年龄段都会练习泰拳。

跟很多协会举办拳击比赛一样，泰拳冠军头衔也由很多协会颁发。泰国政府举办了世界泰拳锦标赛，这个锦标赛通常在泰国进行。在泰国赢得过比赛的选手有拉蒙·德克尔（Ramon Dekker）、丹尼·比利（Danny Bille）、斯蒂芬·尼基马（Stephane Nikiema）、罗伯·卡曼（Rob Kamann）等。对一名泰拳拳击手来说，能够在两大拳馆——仑披尼（Lumpini）拳场和叻喃隆（Rajadamnern）拳场参加比赛是一项很高的荣誉，这证明了泰拳拳击手的能力。

比赛项目

泰国每天都有职业泰拳比赛。知名泰拳发起人宋猜·拉达呐苏班发起举办了 S-1 世界泰拳大赛（S-1 World Championship），这是大规模的泰拳比赛之一，参赛的选手都是世界上最优秀的拳击手，吸引了大批观众。S-1 世界泰拳大赛每年都会组织一次露天活动，有超过 10 万名观众观看。宋猜·拉达呐苏班用"泰拳—泰国遗产—世界遗产"的口号支持泰拳的国际传播。目前，泰拳也有女子比

S-1 赛事发起人宋猜·拉达呐苏班

赛，由泰拳学院的所有者和泰拳推广人安努伊·凯斯布隆发起。

在日本，由优秀的重量级全接触选手参加的 K1 赛事项目获得了成功。K1 赛事在日本最大的体育场馆举行，电视转播权在国际上出售，因此泰拳拳击手可以获得丰厚的收入和赞助协议。K1 赛事规则与泰拳赛事规则类似，但是不允许肘击，早期也禁止缠抱。泰拳拳击手在 K1 赛事中经常赢得比赛，如荷兰人埃内斯托·霍斯特 (Ernesto Host) 和彼得·阿尔茨 (Peter Aerts)，他们都是泰拳拳击手。泰国本土选手由于身材矮小，在日本 K1 赛事中并没有亮眼的成绩，但在为数不多的几次亮相中都表现出了极其精湛的腿部技术，甚至使比他们重 60 磅（约 27.2 千克）以上的对手都感到震惊。

格斗运动在欧洲和美国有着大量的观众群体，如在阿姆斯特丹、巴黎、苏黎世和拉斯维加斯。观看泰拳比赛的观众能否超过 1 万人取决于赛事的举办水平。在泰拳比赛中，泰拳拳击手以其炫目的技术和惊险刺激的 5 个回合比赛吸引着欧美社会各界的目光。欧洲目前正在考虑举办泰拳超级联赛。许多小级别的优秀选手在欧洲参加比赛，他们的表现让观众兴奋不已。

文化遗产的推广

泰国政府正在加大力度推广泰拳这一泰国文化遗产。这显然是必要的，因为在过去的几十年中，这项运动出现了明显的商业化趋势。这也导致许多经纪人只对他们的钱包感兴趣，于是会敦促教练和拳击手尽早为比赛做好准备。在这种背景下，泰拳拳击手不能接受全面的训练，只能学习基本的技巧。泰国政府现在全面支持泰拳向大众开放，要求教练教授泰拳所有的内容，不丧失泰拳技巧的多样性。

泰拳也在国际上推广，越来越多类型的武术开始融合、复制泰拳技术。泰拳在国际上的推广提高了在曼谷举行的世界业余泰拳锦标赛的水平，参加该赛事的人越来越多。然而，到目前为止，由于不同的协会都举办了泰拳比赛，并且每年都会举办几次类似的锦标赛，所以观众不多。

2004 年德国小姐克劳迪娅·海因（Claudia Hein）[1] 与作者

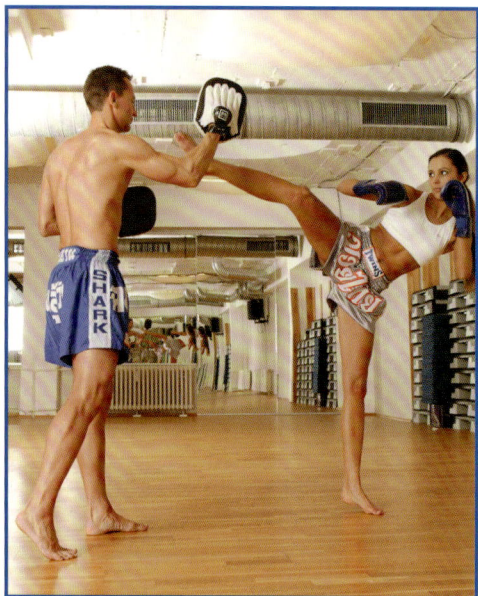

克劳迪娅·海因练习高扫踢技术

泰拳正在成为一项健身运动

　　泰拳越来越多地被用于健身。许多人已经意识到练习武术能给身体带来多重影响，许多武术电影也增强了人们的这种意识。在这些电影中，演员们的高超技术和完美身材令观众惊讶。电影中经常有既实用又惊人的泰拳技术，如在许多国家上映的《拳霸》（Ong Bak）。这部武术电影中的明星托尼·贾 (Tony Jaa) 的泰拳技术给观众留下了深刻的印象，尤其是那些古泰拳技术。

　　现在，许多名人喜欢展示自己练习泰拳的照片，这也带动了其粉丝对泰拳产生了巨大的热情。有些人对自己的身材很在意，如模特和演员为了保持最佳的体型而积极学习泰拳。许多体育工作室和健身俱乐部会根据会员的个人需求而为其量身定制不同的课程。

---

①　克劳迪娅·海因代表德国参加了 2004 年在中国举行的世界小姐选美总决赛，并获得冠军。——译者注

泰拳的传统文化

泰拳有很多传统文化，最为人熟知的是蒙空、八戒、拜师拳舞和仪式舞，还包括武德和礼仪教育，如泰拳拳击手要学会尊重教练、队友和拳台上的对手。

蒙空

蒙空是泰拳拳击手进入赛场时戴的一种头饰。这是泰拳教练授予其学生的，保护其免受伤害的一种好运护身符。几个世纪以前，拳击手被师傅授予蒙空是值得庆祝的，因为师傅会考查徒弟很长时间，只有确定徒弟的人品和身体条件都符合之后才会授予其蒙空，接纳其为徒弟。蒙空是由白色和红色织物精心制成的。

据说，拳击手不可以一直戴着或紧握蒙空，也不能将蒙空放在地上，否则它会失去作用。也有传言说，失去蒙空会对拳击手产生严重的影响，拳击手会因此失去自信，因过度自卑而生病。

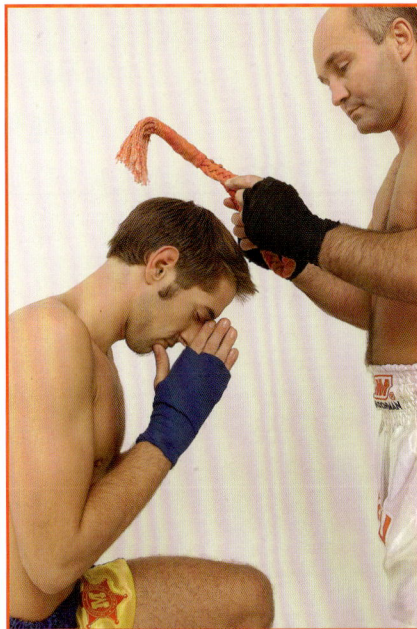

教练拉尔夫·库斯勒（Ralf Kussler）向他的学生迈克尔·维斯（Michael Voss）授予蒙空

在过去，拳击手在整个比赛中都要戴好蒙空。如果拳击手的蒙空掉了，比赛就会中断，直到拳击手重新戴上它。如今，拳击手只有在跳拜师拳舞和仪式舞时才会戴蒙空。在这些仪式之后，教练会把蒙空从拳击手的头部取下来。

八戒

八戒是泰拳拳击手戴的臂箍。有些泰拳拳击手只在一只手臂上佩戴八戒，也有一些泰拳拳击手在两只手臂上各戴一个。泰拳拳击手可以将一个对其而言意义重大的小东西放进八戒里，以给他在比赛中带来力量和自信，如有的泰拳拳击手会将一缕至亲的头发放在八戒里面。

现在有一些业余泰拳协会向其成员颁发不同颜色的八戒，以代表泰拳拳击手的段位（类似于空手道中不同颜色的腰带）。这是现代的泰拳文化，与传统泰拳没有关联。

拜师拳舞和仪式舞

拜师拳舞和仪式舞是泰拳拳击手在比赛前表演的传统动作。人们通常把拜师拳舞和仪式舞误以为是佛教仪式。泰国人对他们传承了几个世纪的传统表演深感自豪。出于对泰拳文化的尊重，外国拳击手也必须在赛前表演拜师拳舞和仪式舞。

在表演拜师拳舞时，泰拳拳击手会跪在拳台中央的地面上叩拜 3 下，以表达对师傅、亲人和朋友的敬意。在泰拳拳击手进行最后一次叩拜时会集中精力回想对其而言最重要的人。在拜师拳舞之后，泰拳拳击手紧接着表演仪式舞。仪式舞是一套结合了不同舞蹈风格的动作。泰拳拳击手通过这种方式来表达他们对

女泰拳拳击手在琅西（Rangsit）体育场表演拜师拳舞，拍摄于 1999 年

教练的尊重以及对拳馆的感谢。他们会集中精力回想自己的泰拳技巧、战术和教练的建议。仪式舞能够帮助拳击手平复紧张的情绪、为比赛做好心理准备，同时也是一种拉伸方式。

以前，泰拳专家可以根据泰拳拳击手的仪式舞动作来确定其所属的拳馆，因为每个拳馆都教授特定的动作。现在很多泰拳拳击手都有自己的风格，别人很难确定其所属的拳馆了。

师傅和徒弟之间的关系

在几个世纪前，对泰拳感兴趣的父母会把他们的儿子介绍给泰拳师傅，请他收下并训练他们的儿子。如果师傅对这个孩子感兴趣，就会定一些规矩，并按照自己的想法来训练孩子。

师傅会让孩子先在拳馆待一段时间，之后会对其进行测试，然后决定是否指导其学习泰拳。对年龄较大的孩子，师傅通过让他们比赛的方式挑选徒弟。

当师傅宣布决定收徒时，孩子要跪拜在师傅面前、呈上礼物，师傅会给新徒弟戴上蒙空。

师傅认为徒弟熟练掌握了泰拳的相关技巧和扎实的知识后才会让其自立，为此会举行一场仪式。在这个仪式中，师傅会再次将蒙空授予徒弟，祈祷其给徒弟带来好运。授予仪式结束后，徒弟就可以做别人的师傅了。

蒙空代表了一种特殊的荣誉。一旦徒弟接受了师傅的蒙空，他就获得了师傅的杰出技能和护身符。没有经过仪式的洗礼，徒弟不可以担任泰拳师傅。

徒弟会一辈子与师傅保持联系，会在泰国拳师节或师傅的生日前去拜访师傅，献上礼物以感谢师傅给自己带来的财富。许多老一辈的泰拳拳击手今天仍保持着这样的习惯。

尊重

泰拳拳击手被要求尊重他人，这应该是所有人的目标。与未

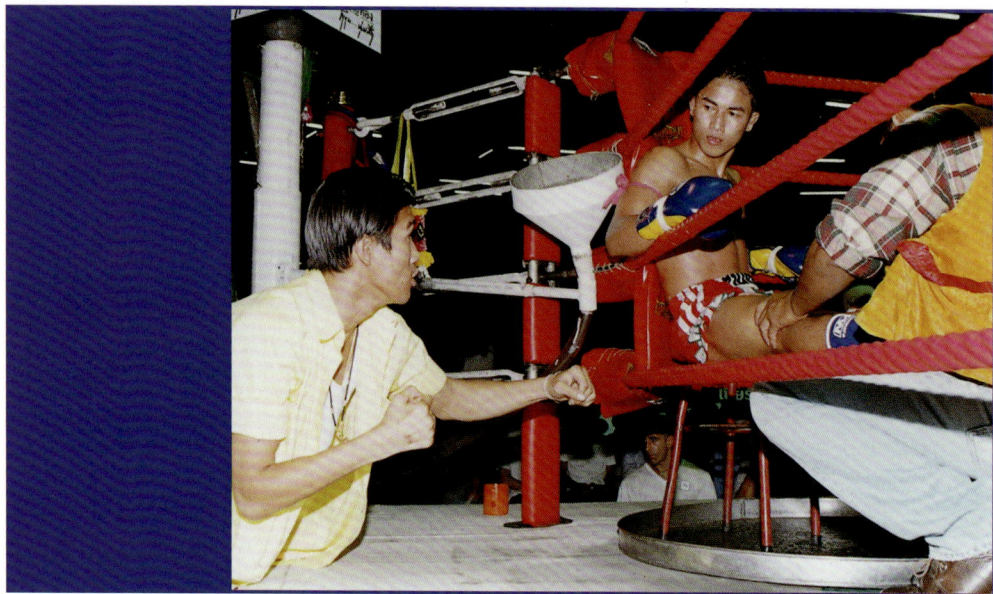

前泰拳拳击手、奥运会拳击冠军沙拉克（Somluck Khamsing）[1]（左）在指导他的一名泰拳学生

受过训练的人相比，泰拳拳击手的身体优势很明显。泰拳技术绝不能用于压制他人，只能用于自卫或保护他人。

那些学习泰拳是为了欺负别人的人应该被逐出训练场。几个世纪以前，泰拳师傅就认为他们有责任以尊重他人为信条来教育他们的徒弟。

训练时的行为

学员必须准时参加训练。如果学员有突发情况而没有准时参加训练，就必须告知队长并说明原因。

学员在训练时要保持仪表整洁，穿干净的衣服，不戴戒指、项链、手表等物品。训练期间禁止大笑大叫，讨论的话题只能与技术有关。

学员必须遵照教练的指示执行，在训练期间可以提问，但接二连三地提问会干扰其他的学员，扰乱训练秩序。课程的时间有

[1]　善猜（Saen Chai）就是在沙拉克的指导下成为拳坛新星的。——译者注

限，教练需要照顾到所有学员。众所周知，学员不可能只上几节课就掌握所有的技巧，学习泰拳是一个相当漫长的过程。泰拳大师们称学习泰拳是一个永远不会结束的过程。

学员之间必须以礼相待，是为了学习泰拳这门艺术而训练，所以在训练中永远不能故意伤害同伴。学习泰拳的目的也不是为了炫耀，而是为了达到更高的竞技水平。如果你的搭档不坚持这个原则，在对打中胡搅蛮缠，甚至试图蓄意伤害你，那么你应该与他沟通。如果他不明白这个道理，你就应该寻找更合适的训练搭档。如果你的教练坚持要你与这个搭档继续"纠缠"，那么你应该换一家拳馆。

专业的泰拳拳击手很少在训练中用全力对打，以免遭受任何可能阻止他们参加比赛的伤害。否则，泰国就不会有参加超过300场职业比赛的现役泰拳拳击手。

泰拳拳击手们竭尽全力地比赛

比赛时的行为

泰拳拳击手为比赛做准备是一个漫长而有节制的过程。比赛双方在赛前互相致意以表示对对方的尊重。然而，比赛的目的是为了获胜，所以泰拳拳击手可以做任何符合规则的事来吓唬对方、增加气势，如咄咄逼人的对视。但某些挑衅行为是禁止的，如侮辱对手、吐痰等。比赛中，拳击手不能故意使用被禁止的技术，如攻击对手的裆部。如果一个拳击手反复做这些动作，他将被取消比赛资格。

比赛结束后，泰拳拳击手们互相致意并道别。他们都尽了自己最大的努力，这一点必须得到尊重。

泰拳的规则

　　泰拳比赛必须制定严格的规则，具体规则因拳场而异。本书参考国际上知名的拳场——曼谷仑披尼拳场和叻喃隆拳场的规则列举了一些重要规则。

早期重要的规则

　　在几个世纪前的泰拳比赛中，泰拳拳击手没有使用手部保护装备，后来才用绑带保护双手。为了确定比赛的时长，就在椰子壳上钻一个小洞，然后将椰子放入装满水的容器中。比赛在椰子壳沉到水里时结束。比赛结果只有技术性击倒（TKO）或终结性击倒（KO），否则被判为平局。20 世纪初，规则被标准化，如拳击手要戴拳击手套，并规定了使用坚实的拳台地面和固定的比赛时长，确定了重量级别划分。20 世纪中叶，仑披尼拳场和叻喃隆拳场在曼谷建成。从那时起，泰拳比赛可以定期举行，不再被天气条件限制。目前，仑披尼拳场和叻喃隆拳场每天都有比赛。能够在仑披尼拳场和叻喃隆拳场参加比赛是泰拳拳击手莫大的荣誉。

现行重要的规则

装备

　　次中量级及以下级别的比赛要求泰拳拳击手佩戴 8 盎司（约 226.8 克）的拳击手套。次中量级以上级别的比赛要求拳击手佩戴 10 盎司（约 283.5 克）的拳击手套。泰拳拳击手必须穿符合规定的泰拳短裤。此外，他们必须佩戴由固体材料制成的护裆和护齿，可以在踝关节周围缠上弹性绷带（没有强制规定）。业余比赛会要求拳击手佩戴护肘、护头和护胸甲。有一些业余比赛还要求使用护胫。

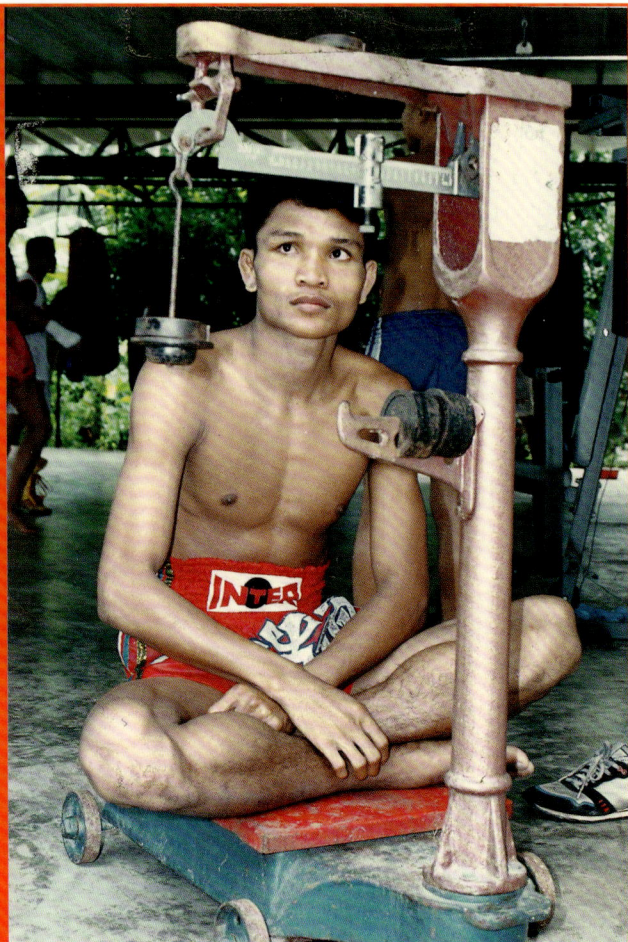

泰拳拳击手需定期进行体重监测

比赛时长

男子职业比赛持续5个回合，每个回合3分钟，回合之间休息2分钟。女子职业比赛持续5个回合，每个回合持续2分钟，回合之间休息2分钟。业余泰拳比赛的时长取决于主办方和泰拳拳击手的体重等级。

重量级别

泰拳拳击手最喜欢的重量级别是从羽量级到次中量级，大多数现役拳击手都在这个范围内。大多数泰拳比赛的重量级别分类一般与仑披尼拳场和叻喃隆拳场一致。世界泰拳理事会的体重级别分类见下表。每个协会的体重级别划分都略有不同。

世界泰拳理事会体重级别分类

级别	磅	千克
超轻蝇量级	105	47.62
轻蝇量级	108	48.99
蝇量级	112	50.80
超蝇量级	115	52.16

续表

级别	磅	千克
雏量级	118	53.52
超雏量级	122	55.34
羽量级	126	57.15
超羽量级	130	58.97
轻量级	135	61.24
超轻量级	140	63.50
次中量级	147	66.68
超次中量级	154	69.85
中量级	160	72.58
超中量级	168	76.20
轻重量级	175	79.38
超轻重量级	182	82.55
巡航级	190	86.18
重量级	209	95.00
超重量级	209+	95.00+

规则和评分

双方选手可以使用拳、腿、膝、肘等，但不能用头攻击。女子比赛时不得使用肘部，其他规则与男子比赛相同。业余比赛有不同的分类，规则各不相同。

比赛胜利的判定标准为击倒对手或由 3 名裁判根据计分规则来决定。

犯规

不能直接攻击对手的裆部、背部或眼睛。如果对手倒地或裁判干预，则必须停止攻击。不允许抓着擂台围绳或故意背对对手以获得休息，不允许使用摔跤或柔道的投摔技术。如果拳击手有禁止的行为，如咬人、吐痰和骂人将受到处罚，将受到警告、扣分或取消比赛资格的处罚，具体视违例类型而定。

裁判员保护摔倒的拳击手，拍摄于 2000 年、仑披尼拳场

医疗支持

所有泰拳拳击手必须定期接受体检才能获得比赛资格。此外，在比赛开始前，医生会检查泰拳拳击手的伤病情况。这些检查还包括对兴奋剂和传染病的检测，但兴奋剂和传染病检测在泰国的比赛中很少执行。

在比赛中，为了保证泰拳拳击手的安全和健康，赛场旁边必须有医生。如果选手眼睛上方的伤口或其他部位的伤口血流不止，医生则必须示意裁判停止比赛。

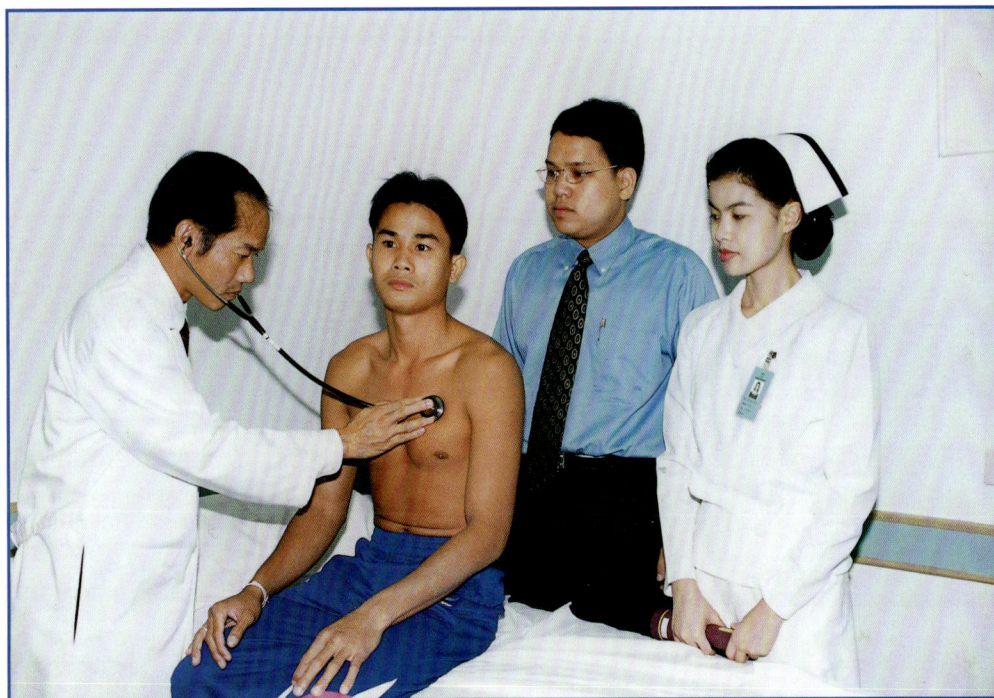

所有泰拳拳击手都必须定期接受体检

拳击手被击倒受伤后，将被禁赛数周。禁赛时间的长短取决于被击倒的类型和受伤的程度。

音乐

几个世纪以来，泰拳比赛中一直有音乐伴奏，通常由4位音乐家组成的团体现场演奏。观众很少的小型比赛没有现场演奏的音乐，而是播放录制的音乐。

当拳台上的主持人宣布拜师拳舞仪式开始时音乐就开始，一直持续到泰拳拳击手结束舞蹈。随后，主持人下达比赛开始的命令，音乐家们继续演奏，但速度则快得多。乐手们会根据拳台上的赛况做出不同的反应，演奏的速度或慢或快。如果拳击手们的表现平淡无奇，他们就会演奏得很快，以激励拳击手。音乐在比赛休息期间才会中断。

拜师拳舞和仪式舞

在所有比赛开始之前，泰拳拳击手会表演拜师拳舞和仪式舞来表达他们对师傅的尊敬和对拳馆的感谢。这些表演的伴奏是传统音乐。

泰拳的装备

以下装备是泰拳训练时使用的。每个俱乐部都有基本的装备提供给泰拳拳击手进行训练。如果你已经决定持续练习泰拳，最好自己购买装备。你可以咨询教练后再购买适合你训练目的的装备。

学员的装备
服装
泰拳训练是穿着棉质无袖 T 恤或赤裸上身进行的。比赛时不得穿外衣。短裤是由尼龙或缎面制成的特殊短裤。练习和比赛时都要求赤脚，因为鞋子会成为施展腿法的障碍。

绷带
在比赛和训练中，双手必须用绷带包扎，以防止手腕和手指关节受伤。拳击手在比赛中常常使用长一点的绷带包扎手，教练会仔细检查其是否适合拳击手。长的绷带确保了拳击手的手部受到保护且具有舒适性。日常训练使用标准的短绷带就足够了。绷带的价格大约是 9 美元。

沙袋手套
沙袋手套用于重沙袋、速度球和拳靶的训练。事实上，你也可以使用拳击手套训练，但是拳击手套的价格比沙袋手套贵得多，因此你可以使用沙袋手套进行训练。购买沙袋手套和拳击手套的一个原因是你在与搭档一起训练或实战中只能使用拳击手套，不带手套可能会伤害你的伙伴或对手。

拳击手套
泰拳拳击手训练时通常戴 16 盎司（约 453.6 克）或 18 盎司（约 510.3 克）的拳击手套，正式比赛时戴小而轻的拳击手套。根据泰拳拳击手的体重等级，比赛规定选手戴 8 盎司或 10 盎司的手套。比赛对拳击手套的规定比训练时更严格，所以比赛用的手套的生产成本更高，售价也更高。比赛用的拳击手套售价约为 80 美

职业泰拳拳击手及其装备

元起，训练用的拳击手套售价约为 60 美元起。

护齿

在对练时或比赛时需要使用护齿。为了让牙齿获得最佳保护，护齿必须完全贴合拳击手的牙齿形状。自适应型护齿最便宜的价格约为 20 美元，市场上也有更昂贵的护齿，如可以在牙科印模后以 300 美元甚至更贵的价格从牙医那里购买护齿。

护裆

有意或无意地击打对手的裆部可能给对手造成严重伤害，所以你在比赛和实战训练时必须佩戴护裆。最便宜的护裆大约为 20 美元，专业拳击手的护裆的价格可能超过 90 美元。

护头

如果你在训练过程中要对头部进行技术训练，就应该佩戴护头。业余泰拳比赛需要佩戴护头，但职业比赛不用。基础款护头的价格大约是 60 美元。激烈的实战对抗训练需要佩戴非常厚的护头，这种护头在市场上的售价约为 85 美元。职业泰拳拳击手在训练时也会戴非常厚的护头，这种护头的质量非常高，而且价格贵得多。

护胸甲

护胸甲就是有厚衬垫的实战对抗训练防护背心，主要是为了练习膝法。参加业余泰拳比赛的拳击手通常穿着薄护胸甲，参加专业比赛的拳击手不用穿。厚护胸甲售价超过 80 美元，薄护胸甲大约是 55 美元。你没有必要买薄护胸甲，因为拳馆会提供。

护踝和护胫

你可以在训练时使用护踝和护胫。这些护具是业余拳击手的必备品。职业比赛不允许拳击手佩戴护胫，但允许佩戴护踝。基础款护踝和护胫的价格约为 30 美元，职业比赛用的护踝价格约为 10 美元。一些教练会使用厚的护胫来强化训练学员的扫踢和格挡技术。

教练的装备

泰拳教练使用不同类型的手靶和腰靶来训练拳击手。教练使用这些装备来教授单个技术和组合技术。对于高级学员来说，教练用手靶和腰靶来模拟比赛的情况，如通过举起手靶击打拳击手来模拟对手的攻击，学员则必须躲闪或以攻代守地对靶具进行一系列的击打来防止教练打到自己。教练会停下来纠正和指导学员的技术。

俱乐部通常会给教练准备以下装备。

拳击手靶

拳击手靶是握在手中的小靶子，它特别适合练习拳法和肘法，但不适合练习强度大的膝法和扫踢，因为手靶很难吸收膝法和扫踢的巨大冲击力。此外，学员的扫踢动作很可能会使腿擦过手靶而踢到教练或者踢飞手靶而伤到教练。人造革手靶的售价约为 35 美元，皮革手靶的售价约为 45 美元。

泰式腿靶

泰式腿靶长而厚。它是为专业的泰拳训练而研发的，目的是让拳击手的所有身体部位都能成为武器并高效使用。

固体填充物的皮腿靶价格约为 55 美元。空气填充物的塑料腿靶可用于妇女和儿童的训练，价格约为 40 美元。不建议在激烈的竞技训练中使用充气的塑料腿靶，因为这种靶具不够硬，学员踢腿时的全部冲击力都要教练来承受。

腰靶

腰靶是一种厚的圆形垫，教练会戴在腹部供学员训练。腰靶是为学员练习正蹬和侧踹而开发的。固体填充物的皮革腰靶售价约为 80 美元。

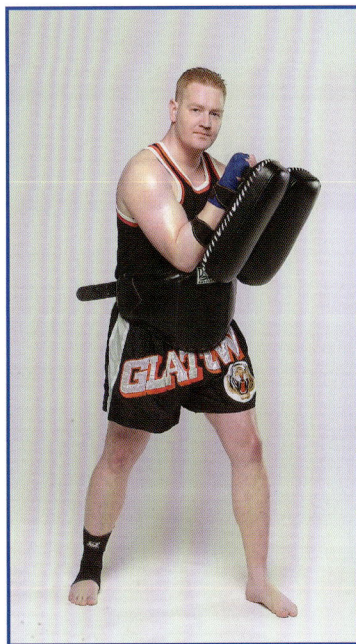

教练奥利弗·格拉托（Oliver Glatow）展示他的装备

第二章

基本技术

斜顶膝，2000 年拍摄于仑披尼拳场

概述

　　泰拳初学者必须首先学习正确的格斗势。拳击手可以利用格斗势躲闪对手的攻击，也可以反击。格斗势要灵活变化，这意味着泰拳拳击手要有节奏地将重心从初始姿势转移到前腿或后腿。

　　掌握了格斗势后就可以练习步法了。向前、向后和向侧面移动以不断改变击打距离，而不是给对手一个静止的击打目标。只要在击打距离内，拳击手就必须始终保持格斗势。

　　只有掌握了格斗势和步法，才能开始学习进攻技术。拳击手必须先单独练习格斗势、步法和单个技术，再练习进攻组合技术。在掌握了大量的进攻技术之后再开始练习防守和反击技术。一名优秀的泰拳拳击手就是这样循序渐进训练的。

近距离击打，2000 年拍摄于仑披尼拳场

泰拳基础知识

　　已故的萨旺·西里皮莱（Sawang Siripile）教授是阿姜·颂波·塔皮呐和一大批泰拳界重要人物的教练。萨旺·西里皮莱教授长期在曼谷体育学院任教，他知识渊博，获得了"泰拳之父"的称号。下面是萨旺·西里皮莱教授总结的泰拳基础知识，由助理教授阿姜·颂波·塔皮呐（Somboon Tapina）提供。

1. 优秀泰拳拳击手的特点
   - 身体强壮、坚硬，没有任何生理疾病
   - 有礼貌，有运动精神
   - 聪明，有策略
   - 有强大的攻击力

2. 身体武器的运用
   - 拳
   - 腿
   - 膝
   - 肘

3. 击打点
   - 低
   - 中
   - 高

4. 击打距离
   - 近距离
   - 中距离
   - 远距离

5. 时机、击打节奏
   - 快攻
   - 等待
   - 反击
   - 追击、压迫

6. 防守
   - 第一击、反击
   - 躲避
   - 格挡
   - 擒拿，缠抱
   - 控制距离

7. 击打目标
   前额、太阳穴、眼睛、鼻骨、下颌、颈后、大臂、胸部、浮肋、腹部、肾脏区域、脊柱、大腿、小腿、太阳神经丛

格斗势

学员的第一次训练主要是练习格斗势和步法。只有学会了格斗势和步法，才能学习进攻技术。

站姿

双脚分开与肩同宽。正架拳击手将左脚稍稍向前移动，右脚向外转 45° 左右。反架拳击手将右脚稍稍向前移动，左脚向外转 45° 左右。重心落在双脚脚掌上，后脚脚跟略高于前脚脚跟。前脚掌着地的姿势有助于更快地移动，如向后退一步躲闪对手的攻击，向前迈一步进行反击。

防守姿势

身体保持直立，在正对对手的基础上略微侧转。同时，下颌稍微朝向胸部。前手与眉毛齐平，后手稍高于下颌。肌肉尤其是肩部肌肉保持放松。刚开始训练的时候很难长时间保持这个姿势，因为保持手臂抬起会让人筋疲力尽。坚持训练几周后，肌肉就会变得强壮。

即使你不在对方的攻击范围内，也不能降低警惕。经常会发生这样的情况，即对手诱骗你降低格斗势，然后扫踢你的头部。有经验的泰拳拳击手有时会故意掉手，引诱对手进攻。但是我不建议你这样做，因为它带来的风险很高。一些拳击手喜欢将双手分开，声称这样可以更好地使用肘击技术。这种做法我也不推荐，因为此时肘击是得不偿失的。而且，双手放下就意味着必须躲闪对手的直拳，这在比赛中感到疲倦的时候是非常难做到的。

看

眼睛要瞄准对手身体的中心部位。要将注意力尽量集中于整个身体，而不是将注意力集中于某一点。这样就能预见对手将使用哪个身体部位作为武器进行下一次攻击。在近距离（可以使用拳法、肘法和内围缠抱技术）时，眼睛瞄准对手的头部，以便及早发现他可能做的动作。在缠抱的情况下，眼睛无须向下看，

阿姜·颂波·塔皮呐示范正确的站姿

可以通过对手的身体旋转注意到其顶膝的征兆，前提是你按照正确的缠抱技术靠近对手。

格斗势的要点

1. 重心落在脚掌上，而不是整只脚上。
2. 正架拳击手将左手放在前面，反架拳击手将右手放在前面。
3. 时刻做好防守姿势，绝不能掉手。
4. 身体稍微放松，这样可以快速移动。只有预判到对手即将进攻时，肌肉才应保持紧张。
5. 时刻保护好下颌。
6. 观察对方身体的各个部位，不要只将注意力集中于某一点。
7. 保持最佳的击打距离，既不能近也不能远。
8. 向前、向后和向侧面移动。

典型错误

1. 前手伸得太远或手太低。这样当对手快速攻击（如对手用右直拳攻击）你的头部时，你就无法保护自己。

2. 手在疲劳的时候下垂。当你无法完全集中精力时，你就特别容易被击倒。即使你很疲劳，也要保持双手高举。

3. 重心落在整只脚上而不是脚掌上。如果你不踮起脚尖，就很难迅速移动而改变击打距离。

4. 眼睛只盯着对手身体的一个点。正确的做法是观察对手的整个身体，通过对手动作大的部位预测对手的进攻方向。

格斗势，2000 年拍摄于琅西体育场

步法

当你学会了格斗势后就可以开始学习泰拳的步法了。这些步法可以用来接近和远离对手或躲避对手的攻击。在整个比赛过程中，你都要保持格斗势。前脚尖对准目标，后脚尖朝外与左脚呈一定角度。这也适用于应对对手的横向进攻。你在移动时不要紧张，注意保持防守姿势。为了提高敏捷性，许多拳击手都是用前脚掌移动。

你应该先练习向前移动和向后移动的动作，再将横向动作整合到训练中。在教练的监督下重复上述练习，然后自由地练习步法。你在练习时可以设想一个对手，想象他向你进攻，你移动到一边或向后移动。轮到你进攻时，你就向前移动。

步法必须作为一个单元进行单独练习，至少在训练的最初几个小时需要这样。步法的完善是运用进攻、防守、反击技术的前提。例如，如果你想拉近与对手的距离，就必须快速向前迈一步。

步法学习和空击训练最好固定在一个区域，如一个拳击台大小的区域。如果你到达了区域的边界，就采用横向步法移动。

向前移动和向后移动

向前移动

前脚向前移动，后脚跟随。

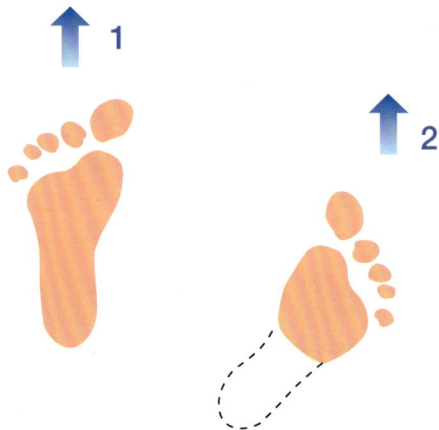

向后移动

后脚向后移动，前脚跟随。

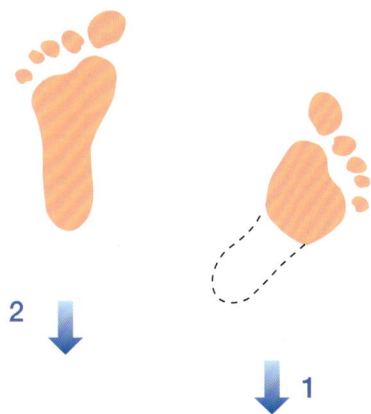

半圆移动

这是移动到对手侧面的步法，如当对手在出拳或用腿踢时。这样你既可以躲避对手的击打，还可以反击。在这个动作结束时，你将以45°~90°的角度面对对手，你的双脚距离与格斗势的双脚距离一样，前脚尖依然指向对手。

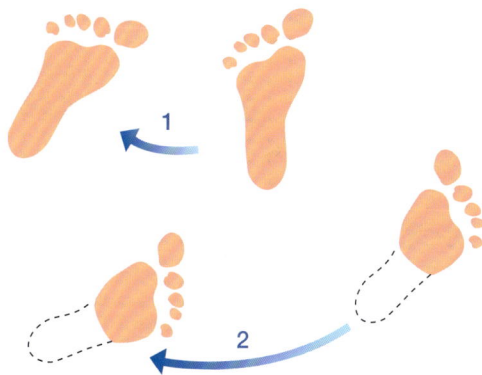

向左移动

左脚先移动到左前方，然后右脚跟随。反架拳击手需要先变成正架，再恢复成反架。

向右移动

右脚先移动到右前方，左脚跟随。正架拳击手需要先变成反架，再恢复成正架。

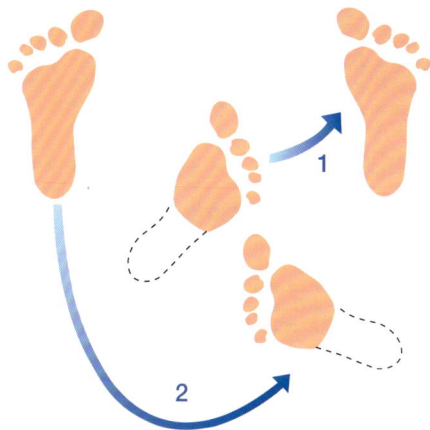

击打距离

　　击打距离是指可以击打对手的距离。身高相同的两名选手之间的距离超过 1.8 米时，任何技术都无法使用，进攻者必须先向对手的方向迈出一步或者跳过去才能出手，防守者则可以退一步或退到一边来躲避攻击。

　　如果拳击手不在安全距离内，就在所谓的击打距离内。击打距离分为远距离、中距离和近距离 3 类。

远距离的扫踢，2000 年拍摄于琅西体育场

远距离

　　处于远距离时使用最多的技法是腿法，如正蹬、侧踹和跳踢。要使用腿法，首先必须向前迈一步。拉近与对手的距离或者

远离对手的方法就是将刺拳与步法结合起来。精湛的腿法可以将对手控制在安全的击打距离外。

中距离

处于中距离时使用的技术通常是拳法、膝法、腿法。进攻型拳击手会用多种不同的组合技法来靠近对手。对方可能会向后移动并远离击打距离，也可能会向前迈一步缩小距离以准备进入内围缠斗。泰拳拳击手处于中距离时会互相观察，试图确定对手的优势、劣势和反应。

近距离

处于近距离时主要使用平钩拳、上钩拳和肘法。这些技术通常是连续使用的，直到其中一名拳击手成功地拉开距离或环抱对方的颈部。在缠抱时使用顶膝或摔法。

致泰拳拳击手

- 成为一名优秀拳击手的先决条件是进行全面的技术训练。——阿姜·颂波·塔皮呐

  拳击手在参加比赛前首先应接受全面的技术训练。许多拳击手试图通过力量和本能来弥补他们在基本技术上的不足。然而，如果没有良好的技术，将永远无法获得好名次。

- 要成为一名优秀的拳击手就必须掌握基本技术，身体素质必须优秀，还要自信，进入拳台时不能紧张。——阿姜·颂波·塔皮呐

  这些领域中的任何一个方面的短板都可能导致你在比赛中失败。因此，拳击手必须以最适合自己的方式做好准备，这样才能带着自己的技术自信地进入拳台。

- 在打败对手之前，先打败自己。——阿姜·颂波·塔皮呐

  为了取得成功，拳击手必须在训练中磨练自己，包括强化训练、体重控制和保持规律的生活方式。

- 一场比赛的输赢并不重要，只要你为比赛做好了准备。——阿姜·颂波·塔皮呐

  艰苦的训练是参加格斗比赛的先决条件。若拳击手在训练和比

赛中尽了自己最大的努力，即使输了也应该感到自豪。

- 在比赛中，双方选手都会汗流浃背，都会流血。如果你比对手更优秀，你流的血就会比对手少。——萨旺·西里皮莱教授

  两名拳击手在比赛中都会进行击打。每名拳击手都必须意识到自己会被击中。

- 优秀的拳击手从不表现出痛苦。——萨旺·西里皮莱教授

- 身体的任何部位都不能有弱点或受伤。——阿姜·颂波·塔皮呐

  拳击手永远不能表现出痛苦，否则其身体的受伤部位会受到对手毫不留情的攻击。此外，也不能让对手察觉到自己的弱点，否则对手会不断地进攻你的弱点。

- 你不应在比赛时动怒，否则心脏会怦怦直跳，但眼睛是瞎的。——阿姜·颂波·塔皮呐

  不能控制自己和集中注意力的拳击手总是有被反击的危险。

- 如果你在一场比赛中意识到对手比你更强大，你就要通过观众赢得胜利。——阿姜·颂波·塔皮呐

  计分表只倾向于表现得更强的人，这就是有些拳击手在被击中后会微笑的原因。

第三章

进攻技术

用胫骨部位重击对手的头部经常会击倒对手，1999 年拍摄于曼谷

概述

　　初学者首先要学的就是基础站架，在掌握站架之后再学如何接近对手以及如何后撤，然后学习基础进攻技术。

　　在进攻之前和之后都要保持格斗势。

　　你应该先独自有意识地练习进攻技术，没有对手就没有干扰。你在开始训练时，踢腿可能只能踢到腹部或胸部的高度。经过几周的常规训练，一旦你的柔韧性有所提高，就可以踢到头部的高度。

　　如果你徒手掌握了基础进攻技术，就可以在沙袋上训练了。在训练过程中，所有的技术都可以先练习动作，再将分解动作组合起来。在沙袋上练习拳法时要保持手腕稳定。熟练掌握了沙袋训练之后就可以与搭档一起进行手靶训练了。

休息后重新开始比赛，2000 年拍摄于琅西体育场

容易受伤的身体部位

前视图

1—额角	2—前额
3—眼睛	4—鼻骨
5—下颌	6—喉
7—锁骨	8—心口窝
9—太阳神经丛	10—肋骨
11—无保护的腹部	12—裆部
13—大腿内侧	14—膝关节

后视图

1—颅骨缝

2—耳下

3—颈椎

4—肾脏

5—尾椎

6—膝窝

7—小腿骨的尖端

8—跟腱

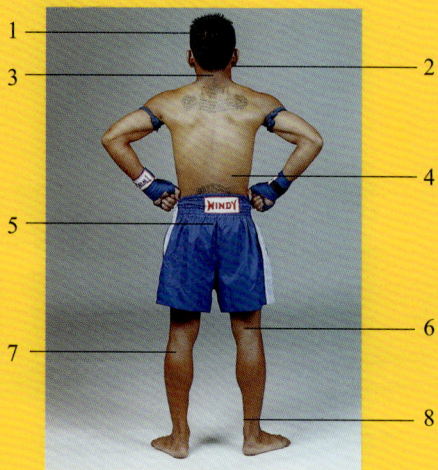

　　击打对方身体容易受伤的部位可以用于自卫。比赛对击打部位有一些限制，如不能击打对手的裆部，具体的规定因发起人而异。

　　跟搭档一起训练时也不能击打容易受伤的部位。训练不是以伤害对方和向对方展示你的优势为目的，绝不能全力击倒对方。

身体可使用的部位

　　拳、肘、胫骨部位、脚和膝都可以在泰拳比赛中使用。

左图：拳法是用指关节完成的，为避免受伤，请始终紧握拳头

右图：肘尖是人体最坚硬的骨头，用肘尖击打可能会导致对手流血，通常会导致比赛提前结束

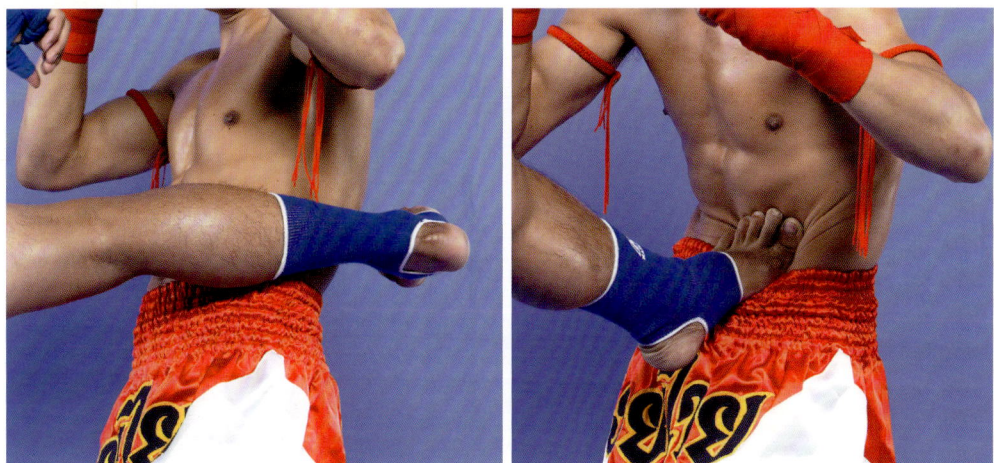

左图：腿法是用胫骨部位进行击打

右图：正蹬技术是用脚掌蹬，使用脚后跟或整只脚蹬会使击打更有力；侧踹是用整只脚

膝法是用膝关节完成的，其力量在膝关节能顶出去的最远端处达到最大

拳法

　　泰拳出拳与其他类型的武术不同，双腿需要保持紧绷，这样可以迅速再次发起攻击。原则上来说，你应尽量不降低身体的重心，否则头部很容易受到对手膝法的攻击。

　　用前脚掌站立，眼睛瞄准目标。在击打过程中，肩部和髋部都要转动，可以通过将重心转移到前腿来加大打击的力度。在水平位置出拳，用指关节击打。同时抬起肩膀以保护下颌，用非出拳的手保护脸部。出拳的力量取决于击打速度、重心的转移、肩部和髋部的转动。出拳之后要迅速恢复格斗势。

　　没有一击必中的机会就不要出拳，因为对手会在动作初期预测到你的技术。出拳必须是爆炸性的，不应该只是"推"。

　　握拳时，先保持手张开，手指伸直，再合并手指并确保手指绷紧，然后将指尖收入手掌中，最后将拇指放在食指和中指上。用拳头上半部分的指节（拳峰）进行击打。食指和中指的指节承受主要的负荷。

拳击手将上半身向左倾斜以保护自己免受对手直拳的攻击。我强烈建议不要这样做，因为这样为对手提供了用膝关节击打头部的机会

　　书中的照片只示范了身体一侧的技术，右手和左手的技术动作方法是相同的。

拳法

前手直拳 / 刺拳

后手直拳 / 右手直拳

上钩拳

侧钩拳

上钩拳击腹

过肩拳

摆拳

转身鞭拳

■ 前手直拳 / 刺拳

目标：鼻子、下颌、眼睛

动作要领：

从格斗势开始，后脚跟稍微抬起。

沿直线朝对手打出前手直拳。肘部应尽可能下压，否则对手会在你出拳的初期就能预测到你的技术。除此之外，肘部下压能够保护自己的肋骨。后手保持格斗势，高度在下颌上方，以保护面部不被对手击打。在出刺拳的过程中，转动髋部，将身体重心转移到前腿以增加击打的力量。在拳头即将接触到目标之前转动拳头，使拳心向下。出拳后，迅速收回前手恢复格斗势。

尽可能频繁地使用刺拳以扰乱对手的节奏。

图A—C：克里斯托夫展示前手直拳，也称刺拳。

A

B

C

A

B

C

■ 后手直拳 / 右手直拳

目标：鼻子、下颌、眼睛、
太阳神经丛、胃

动作要领：

从格斗势开始，后脚跟稍微抬起。

沿直线朝对手打出后手直拳。肘部应尽可能下压，否则对手会在一开始就察觉到你的出拳意图。除此之外，肘部下压能保护自己的肋骨。前手保持在下颌以上以保护面部不被对手击打。在出拳的过程中，转动髋部，将身体重心转移到前腿上，以增加击打力量。在拳头接触到目标之前转动拳头，使拳心向下。确保出拳是突然性的。出拳后，迅速将右手恢复格斗势。

图 A—C：颂秋展示后手直拳。

■ 上钩拳

动作要领：

从格斗势开始。以右上钩拳为例，右臂稍下降，拳头转动，前臂和上臂形成一个锐角。在这个过程中，将身体重心转移到右腿，膝关节微屈。左手放在下颌以上，以防守对手的攻击。

拳从下方向前、向上打出，同时腿部伸直发力，转动髋部，将身体重心转移到前腿上。确保用指关节击中目标，并且一气呵成。随后，迅速收回拳头恢复格斗势。

图 A—C：颂秋展示右上钩拳。与拳击不同的是，泰拳的上钩拳姿势要求膝关节不能弯曲太多，否则会给对手用膝顶头的机会。

A

B

C

A

B

C

■ 侧钩拳

目标：下颌、太阳穴、肋骨、耳朵

动作要领：

侧钩拳是横向击打的拳法。以后手侧钩拳为例，从格斗势开始，右臂抬起，几乎与地面平行。上半身稍微向右转动。左手保持在下颌以上，以防守对手的攻击。

沿击打的方向转髋、转腰，同时将身体的重心朝同一方向移动。随后，迅速收回拳头恢复格斗势。

这种技术是在距离对手很近时使用。相比而言，摆拳是在远距离时使用的。

图 A—C：克里斯托夫展示后手侧钩拳。

■ 上钩拳击腹

目标：肋骨、太阳神经丛、胃

动作要领：

以右上钩拳为例，从格斗势开始，肩膀下沉，前臂和上臂夹角约 90°。上半身微微前倾。左手保持在下颌以上，以防守对手的攻击。

朝出拳的方向转腰、转髋，并将身体的重心朝同一方向移动。随后，迅速收回拳头恢复格斗势。

图 A—C：颂秋展示用后手上钩拳击打克里斯托夫的腹部的动作，他也可以击打克里斯托夫的肋骨。击打肋骨时可以变为侧钩拳。

A

B

C

A

B

C

■ 过肩拳

目标：鼻子、额头、眉毛

动作要领：

以后手过肩拳为例，从格斗势开始，举起右手，向上沿一个大的弧线击打目标。将前手放在下颌上方以防守对手的攻击。在出拳过程中，髋部向内转动，将身体重心前移，以便更有力地击打。在此过程中，转动拳头，拳心在击打时朝下。击打完后迅速收回拳头恢复格斗势。

图 A—C：克里斯托夫展示后手过肩拳击头。

■ **摆拳**

目标：下颌、太阳穴、肋骨、耳朵

动作要领：

以后手摆拳为例，从格斗势开始，右臂抬起。同时将重心转移到前腿上，上半身微微前倾。左手保持在下颌以上，以防守对手的攻击。

拳头沿弧线横向击打，在此过程中，朝出拳的方向转腰、转髋，并将身体的重心朝同一方向移动。随后，迅速收回拳头恢复格斗势。

摆拳与侧钩拳相似。与侧钩拳不同的是摆拳可以从远距离打出，而且摆动幅度大。摆拳是一种有力但相对容易被对手预判的技术。这个原因使得拳击手很少在比赛时使用摆拳。

图 A—C：查万展示后手摆拳。

A

B

C

A

B

C

■ **转身鞭拳**

目标：下颌、太阳穴、耳朵

动作要领：

从格斗势开始，前腿向内侧移动，并将重心转移到这条腿上。

然后，迅速转动前脚，从最初的姿势开始顺时针旋转，目光尽快重新锁定对手。反架拳击手逆时针旋转。利用旋转产生的力量将后手的手臂砸向对手。用拳头的指节进行击打。随后，迅速收回拳头恢复格斗势。

这种技术通常是用后手的手臂进行的。如果对手躲开，还可以用前手的手臂再次运用该技术。这个技术一般很难击打成功，所以拳击手很少在比赛中使用。

图 A—C：帕蒂芬展示转身鞭拳。

常见错误

■ 握拳时手指是张开的，没握紧。这会对手部造成损伤。手指必须合拢，拇指牢牢放在上面。

■ 拳击手没有注意出拳的效果，错过了使用其他技术弥补的机会。

■ 拳击手不是沿直线出拳，没有全力打出。

■ 拳击手出拳是在推，而不是突然打出重拳，无法足够快地收回拳头防守，从而留给对手有效反击的机会。

■ 打出刺拳时不使用身体重量，也不将身体移向对手，无法以最大的力量打出。

■ 出拳时习惯性抬肘，或在出拳之前先往后拉手臂蓄力再往前打。这会让对手预见你的动作，并及时做出防守和反击。

■ 后手拳只动手臂而不转髋，这将导致出拳缺乏力度。

■ 上钩拳从后方远距离打出，这会让对手先击中你。

■ 拳击手在打出侧钩拳的时候身体失去了平衡。事实上，为了确保出拳有力，拳击手可以稍微跳跃，但不能失去平衡。如果对手没有受到有力的攻击，他可以在你失去平衡时进行有效的反击。

■ 后脚在打出组合拳时不稳会因重心转移而失去身体平衡，向前摔倒。

■ 如果保护下颌的手在出拳过程中往下掉，对手就可以快速发起反击。如果对手意识到你掉手的次数很多，他就会等待机会击中你。

肘法

肘部是一种非常坚硬的短距离武器。肘击可击倒对手，导致对手头部出血。如果对手的额头已经有伤口，那么你可以进一步用肘法击打对方的伤口而提前终结比赛。肘法的特殊之处在于即使进攻失败，对手也因为与你靠得近而很难做出有效的反击。然而，拳击手在成功使用肘法之前需要进行大量的训练。

没有击中对手的头部

每个肘法可以使用2次，即在击打和收回的过程中使用。然而，成功运用肘法通常需要快速向前迈一步。脚步要快，否则该招式的力度会减小，对手就能够有效防守。使用后肘时，后脚向前迈一步。动作必须一步到位，不得在出击时或失误后停止。要用肘尖来进行击打，因为肘尖非常坚硬。肩膀抬起以保护下颌，身体完全伸展。空闲的手可以防守对手的攻击。肘法的力量是由突然向前上步、击打速度、肩膀的应用以及重心的变化组成的。

书中的照片只展示了身体一侧的技术，左肘和右肘的技术动作方法是相同的。

肘法

摆肘

平肘

挑肘

砍肘

侧挑肘

转身肘

砸肘

踏腿砸肘

A

B

C

■ 摆肘

目标：前额、鼻骨、眉毛

动作要领：

以右摆肘为例，从格斗势开始，右肘抬起，肘尖向上。左手保持在下颌上方，以防守对手的攻击。重心均匀地分布在两条腿上。

上半身和髋部转动以带动肘部从上方击中目标。重心转移到前腿上。即使没击中目标，也要把整个过程做完。击打完后迅速恢复格斗势。

图 A—C：帕蒂芬展示右摆肘。

■ 平肘

目标：下颌、太阳穴、鼻骨

动作要领：

以右平肘为例，从格斗势开始，抬起右臂，与肩同高。左手保持在下颌上方，以防守对手的攻击。重心均匀地分布在两条腿上。

现在，出拳手一侧的脚、髋部和上半身向左转动以带动右臂沿水平方向击打目标，并将重心转移到前腿上。用肘尖击打。即使没有击中目标，也应该做完这个肘法。击打时，右手应该越过对手的防守手臂。击打完后迅速恢复格斗势。

该技术经常在内围缠斗中使用，只要对手稍微放松警惕就可以使用。

图 A—C：帕蒂芬展示右平肘。

A

B

C

A

B

C

■ 挑肘

目标：下颌、鼻子

动作要领：

以左挑肘为例，从格斗势开始，左肘稍稍降低以便蓄力。屈腿蓄力准备随时发动进攻。右手保持在下颌上方，以防守对手的攻击。重心均匀地分布在两条腿上。

左肩抬起，左手向耳朵靠拢，用肘尖击打对手。在出拳的过程中，腿部伸展，向内侧转腰、转髋。同时，将重心转移到前腿上。确保一气呵成地完成由下向上的挑击。击打完后迅速恢复格斗势。

也可以以 45° 角击打，这样就不太容易被反击，但是这会导致技术质量降低。该技术特别适合在利用围绳的反弹获得动力时使用。

图 A—C：帕蒂芬展示从下至上的左挑肘动作。

■ 砍肘

目标：鼻骨、前额、眼睛、锁骨

动作要领：

以右砍肘为例，从格斗势开始，右臂抬起，右手要经过耳朵。左手保持在下颌上方，以防守对手的攻击。重心均匀地分布在两条腿上。

从上方以 45°角击打目标的过程中，伸展上半身，转腰、转髋，将重心移向对手。击打完后迅速恢复格斗势。

图 A—C：帕蒂芬展示后手砍肘。

A

B

C

A

B

C

■ **侧挑肘**

目标：下颌、太阳神经丛、胃

动作要领：

以左侧挑肘为例，从格斗势开始，左前臂下压并转动，使肘部对准对手。另一只手保持在下颌上方，以防守对手的攻击。重心均匀地分布在两条腿上。

在肘尖从下往上击打的过程中，后脚脚跟抬起，向对手的方向伸展身体，重心前移。击打完后迅速恢复格斗势。

侧挑肘主要用于摆肘或平肘没击中对手而被对手快速反击时。

图A—C：查万用前手展示侧挑肘，从格斗势开始就发力。

■ 转身肘

目标：下颌、太阳穴、眉毛、耳朵

动作要领：

以右手转身肘为例，从格斗势开始，前腿向内侧移动，重心移向前腿。

前脚蹬地快速转身，目光尽快再次锁定对手。正架拳击手从格斗势开始顺时针旋转，反架拳击手从格斗势开始逆时针旋转。利用旋转产生的力量用右手手臂的肘关节击打对手。击打完后迅速恢复格斗势。

该技术通常使用后手的肘关节，也可以使用前手的肘关节。

如果没击中对手，则可以以身体为轴心转一圈，从而恢复格斗势。

图 A—C：帕蒂芬展示转身肘，顺时针旋转。

A

B

C

A

B

C

D

■ 砸肘

目标：头部、鼻骨、锁骨

动作要领：

以右手砸肘为例，从格斗势开始，将重心转移到前腿。在这个过程中，向上伸展身体，将右臂抬高至头顶。与此同时，身体向内侧转动。

使用肘关节从上向下砸击对手。击打完后迅速恢复格斗势。

这种技术通常用后手的手臂，也可以用前手的手臂。

砸肘类似于砍肘，不同之处在于做砸肘动作时肘部抬高超过肩部，后脚脚后跟抬得更高，因此可以从更高的位置进行击打以获得更大的冲击力。此外，砸肘不是以 45° 角击打，而是从上向下的纵向击打。该肘法也经常与跳跃结合使用。

图 A—C：颂秋展示右手砸肘动作。
图 D：帕蒂芬展示用双肘砸对方的锁骨。

■ **踏腿砸肘**

目标：头部、鼻骨、锁骨

动作要领：

以踏腿右砸肘为例，从格斗势开始，前脚踩在对手的大腿上。在这个过程中，用前手抱住对手的颈部以稳定自己的姿势，在后脚跳起的同时将右臂抬高至头顶。

用肘尖击打对手。安全返回地面后快速恢复格斗势。

踏腿砸肘早在几个世纪前就开始使用了，在以前的泰拳比赛中，一些拳击手会采取非常低的格斗势，使用这项技术也就很容易。但目前人们普遍认为，为了提高比赛的效率，泰拳拳击手应尽可能保持直立，因此这项技术不再用于职业比赛，但在泰拳表演中很受欢迎。

图 A—C：查万展示踩着斯蒂芬的大腿跳起来砸肘。

A

B

C

常见错误

- 中途停止肘部动作将无法充分运用肘法，所有技术动作都必须一气呵成地完成。例如，如果你使用平肘没有击中对手，则会失去身体平衡。此时你可以用侧挑肘保护自己。

- 使用肘法时紧握拳头，这会导致手臂的肌肉绷紧。这样拳击手就无法迅速运用技术。在使用所有的肘法时，手臂的肌肉都应保持放松，仅在击打时绷紧。

- 使用肘法时没有重心的变化。如果身体不向对手方向移动，就无法全力击打。

- 不使用肘尖击打，而是使用上臂上方稍软的部分。这样对手不会受到任何有效的打击，你反而会受伤。

- 后脚在做组合动作时不稳而失去身体平衡，因重心前移而向前摔倒。

- 保护下颌的手在使用肘法时掉落。如果对手移到一侧用侧钩拳反击，那么你被对手击倒的可能性就很大。

　　在使用肘法时，高位格斗势[①]是非常重要的，由于距离较短，你很难对对手的攻击做出适当的反应。唯一的防守手段通常是举手格挡。

[①]　高位格斗势是在基本格斗势的基础上将手抬高一点的格斗势，以保护太阳穴。——译者注

踢技

不同于其他武术中的踢，泰拳中的扫踢轨迹更宽、更长，使用胫骨部位击打。髋关节要向内旋转，有效利用重心是踢技的关键。踢技可以攻击从头到脚的任何部位。

在防守时不要掉手，这样便于在腿击之后出拳，也可以伸直前臂格挡对手的进攻。

中扫踢，对手会用提膝来格挡

然而，许多泰拳教练指导学生使用踢技时要将手臂往下拉，从而更好地使用转髋所产生的力量，增大踢的力度。正确的做法是一侧的肩膀尽量抬高，另一只手必须放在面部前，否则你的脸就很容易成为对手攻击的目标。

本部分的照片只展示了一侧的踢技，左腿和右腿的动作要领都一样。

腿法

低扫踢

中扫踢

高扫踢

半胫半膝踢

下劈腿

回旋踢

腾空扫踢

■ 低扫踢

目标：大腿、膝关节、小腿

动作要领：

以右腿低扫踢为例，从格斗势开始。右腿抬起稍微向前移动，并将重心向前移动，沿一条弧线向对手扫踢。

在这个过程中，支撑腿进一步向外转动，将身体的重量加到踢腿的力量上。用胫骨部位下端进行击打。注意你的防守姿势，因为进攻越用力，就越无力防守对方的反击。击打完后迅速恢复格斗势。

图A—C：克里斯托夫展示用右腿低扫踢击对手的大腿外侧。

图D：颂秋展示低扫踢击对手的大腿内侧。用胫骨部位扫踢，攻击距离较远时也可以用脚背踢。

A

B

C

D

A

B

C

■ 中扫踢

目标：肋骨

动作要领：

以右腿中扫踢为例，从格斗势开始，沿一个中等的半圆形轨迹扫踢目标。

在这个过程中，支撑腿向外侧转动，并将重心放在支撑腿的前脚掌上。一旦到达半圆的最高点，也就到达了击打点。踢击时要充分利用转髋的力量和身体的重量，就像要踢穿一个物体一样。在击打的瞬间，扫踢的腿要伸展，以获得最佳的扫踢硬度。用胫骨部位下端击打。击打完后迅速恢复格斗势。

图A—C：颂秋展示后腿中扫踢。在这个过程中，他的右手往下甩，用抬起的肩膀和左手保护脸部。建议同侧手在扫踢时放在脸前保护，或伸向对手以阻挡对手的进攻。

■ 高扫踢

动作要领：

以右腿高扫踢为例，从格斗势开始，沿一个大的半圆形轨迹踢击目标。在这个过程中，支撑腿向外转动，并将重心放在前脚掌上。一旦到达半圆的最高点，也就到达了击打点。踢击时要充分利用转髋的力量和身体的重量，就像要踢穿一个物体一样。在击打的瞬间，扫踢的腿要伸展，以获得最佳的扫踢硬度。用胫骨部位下端击打。击打完后迅速恢复格斗势。

该腿法有时用脚背踢，以获得更快的踢腿速度。目的是用脚踢对方的头部来激怒对方，使他的攻击没有章法。

图 A—C：帕蒂芬展示用胫骨部位进行高扫踢。

A

B

C

A

B

C

■ 半胫半膝踢

目标：胃、胸部、肋骨

动作要领：

以右腿半胫半膝踢为例，从格斗势开始，右腿稍稍弯曲并提膝，以腿弯曲的姿势击打对手。在此过程中，将重心放在支撑腿上，支撑脚转动，使脚尖向外。击中目标时，上身略微后仰。用胫骨部位的上部和膝关节的下部击打。击打完后迅速恢复格斗势。

该腿法适用于对手靠近时，因为它可以短距离进攻。在对手靠近时，你也可以使用正顶膝。为了避免在顶膝后被对手抱腿，你可以将对手推开。

图A—C：查万展示右腿半胫半膝踢。

■ 下劈腿

目标：头部中心、锁骨

动作要领：

以右下劈腿为例，从格斗势开始，将重心转移到前腿。从内侧快速抬起后腿，直到它远高于目标。腿部肌肉保持放松。同时，支撑腿的脚后跟抬起，支撑腿向外转动。

从上往下用力砸向对手，同时绷紧腿部肌肉。用脚跟击打。在放下腿时不能放松警惕。击打完后迅速恢复格斗势。

也可使用前腿做下劈腿的动作，但使用后腿击打则更有力。

图 A—C：查万展示右下劈腿。

A

B

C

A

B

C

D

■ 回旋踢

目标：太阳穴、下颌、耳朵、颈部

动作要领：

以右腿回旋踢为例，从格斗势开始，前腿顺时针转动 90°（正架拳击手顺时针旋转，反架拳击手逆时针旋转），重心放在前腿上。然后抬起后腿，继续转动支撑腿，使后脚的脚后跟指向目标。在旋转的最后阶段，从外侧沿一条弧线向对手的头部踢击，同时目光尽快重新锁定对手。伸展腿，髋部转动以带动小腿甩踢。击打点是脚跟。击打完后，踢出去的腿作为前腿回到地面，恢复格斗势。

该技术通常用后腿进行，也可以用前腿进行。

图 A—D：帕蒂芬展示顺时针旋转的右腿回旋踢。

■ 腾空扫踢

目标：太阳穴、下颌、颈部、上臂、肋骨

动作要领：

以右腿腾空扫踢为例，从格斗势开始，稍微弯曲膝关节，将重心转移到前腿，然后开始跳跃。在跳跃的过程中，后腿在髋部转动的带动下踢向对手。在腿击中目标的瞬间，腿部伸展以获得最佳的扫踢硬度。用脚背击打。注意稳定地收回踢出去的腿，随后恢复格斗势。

该技术也可以用胫骨部位击打。

图 A—C：查万展示右腿腾空扫踢。

A

B

C

常见错误

- 在做扫腿时并不是沿半圆形的轨迹，而是先弯曲膝关节，然后用脚做一个弹踢的动作。这种踢腿方式确实在一些武术中很常见，但这种方法不可能达到最大的力度。

- 如果沿着半圆形的轨迹没有踢到对手，此时你会背对着对手，对手攻击你就很容易。正确的做法是踢击失败后立即改变支撑腿的姿势，将支撑腿从脚掌着地转变成整只脚着地，从而停止旋转。

- 扫踢的击打点是脚背而不是胫骨部位，则踢击达不到最大的力度，甚至有很高的受伤风险，如对手用胫骨部位格挡你的扫踢。当然，如果目的是快速踢头而不是大力破坏对手的稳定，那么是可以用脚背的。

- 在扫踢时掉手，则对手的反击一击必中。此外，如果手放得很低，就很难在腿回到地面之后快速出拳。

- 踢击时不转髋。为了进行有力的扫踢，髋部必须尽可能地转向内侧，以把转动产生的力量用于踢击。

- 身体在扫踢时后仰。这样做就不能把身体的重量用到扫踢里，也很难在踢完后打出一记直拳。

- 在攻击时没有伸展支撑腿。这样就无法以最大的力度进行踢击。

- 站位不稳或支撑腿没有伸展。支撑腿不转动就不能充分利用髋部发力。

蹬技

　　良好的蹬技可以使拳击手在比赛中如鱼得水，因为蹬技既可以用于进攻，也可以用于防守。使用这些技巧，你可以破坏对手的进攻时机和平衡，甚至成功击倒对手。一般来说，拳击手应该经常使用蹬技以控制局面，干扰对手进攻的时机。蹬击更注重速度而不是力量。如果拳击手蹬得足够准，那么他使用任何一种蹬技都可以击倒对手而提前结束比赛。

拳击手成功地向对手的头部蹬了一脚

　　蹬技是提膝，依靠髋部转动带动腿蹬向对手，也可以快速地将腿从地面抬起直接蹬向目标，但这两种方式产生的力量不同。使用蹬技时，重要的是使用髋部和重心转移来获得额外的力量。同时，以支撑脚的脚掌为支点转动，这能提高蹬腿的速度和力量。始终保持格斗势。如果你对距离评估错误或支撑腿转动角度不对，就有可能意外滑到对手的身边。

　　蹬技可以用前腿也可以用后腿。前腿蹬踢可以在比赛开始时使用，以扰乱对手的节奏，后腿蹬踢则是在对手接近你时迎击。
你必须凭直觉决定在不同的情况下使用不同的蹬技。

蹬技

正蹬

刺蹬

侧踹

转身后蹬

腾空正蹬

■ **正蹬**

目标：胃、太阳神经丛、胸

动作要领：

以右腿正蹬为例，从格斗势开始，将右腿的膝关节拉向胸部，脚对准对手的方向。

用髋部转动带动腿蹬向对手。在此过程中，将支撑腿向外侧转动，上半身略微后仰。用脚掌、脚后跟或整只脚进行击打。击打完后迅速将膝关节拉回至胸部，然后将腿放回地面。

前腿蹬踢通常用脚掌击打，因为这样可以快速蹬出去，阻止对手的进攻。所有技术的变式都可以用前腿或后腿进行。

图 A—C：颂秋展示后腿正蹬。用脚后跟或整只脚击打会使蹬踢的力量更大。

A

B

C

D

E

F

目标：下颌、面部、喉

动作要领：

以右腿正蹬为例，从格斗势开始，将右腿的膝关节拉向胸部，脚对准目标。时刻警惕对手的攻击。

用髋部转动带动腿蹬向目标。在此过程中，支撑腿向外侧转动，上身稍微后仰。可以使用脚掌、脚后跟或整只脚进行击打。击打完后迅速将膝关节拉回至胸部，然后将腿放回地面。

若你成功地用蹬技击中了对手的头部，这会激怒对手，导致对手的攻击变得混乱，此时你可以有效地反击。这种蹬技通常用脚掌击打。

如果你要想使攻击更猛烈，想要早点结束比赛，最好用脚后跟踢对手的下颌。这种技术需要长时间、高强度的训练才能掌握。

图 D—F：帕蒂芬展示正蹬踢头。

■ 刺蹬

目标：膝关节、大腿、小腿

动作要领：

以左腿刺蹬为例，从格斗势开始，稍微向后拉前腿的膝关节，用脚尖瞄准对手。保持防守姿势以应对对手的攻击。

用髋部转动带动腿蹬向对手。在此过程中，支撑腿稍微向外转动。用脚掌、整只脚或脚跟击打。击打完后迅速将膝关节拉回至胸部，然后将腿放回地面。

可以频繁使用刺蹬来扰乱对手进攻的节奏。连续的刺蹬会打乱对手的准备和技术变换。刺蹬时使用 50% 的力即可。如果有机会蹬到对方的腿，就使出 100% 的力。因此，该技术也可以用后腿进行。

刺蹬使用脚侧面蹬踢有助于更好地击打。

图 A—C：帕蒂芬展示刺蹬。

A

B

C

A

B

C

■ **侧踹**

目标：胃、太阳神经丛、下颌、鼻骨

动作要领：

以右腿侧踹为例，从格斗势开始，将右腿的膝关节拉向胸部，并将支撑腿稍稍转向外侧。

用髋部转动带动支撑腿横向转动、蹬踢对手。与此同时，支撑腿转动90°，上半身后仰。用脚跟或整只脚击打。保持警惕。击打完后迅速将膝关节拉回至胸部，然后将腿放回地面。

侧踹的特殊之处在于拳击手身体不要完全转过来背对对手。

图 A—C： 颂秋展示右腿侧踹。

■ 转身后蹬

目标：胃、太阳神经丛、下颌、鼻骨

动作要领：

以前腿转身后蹬为例，从格斗势开始，前腿作为支撑腿顺时针转动（正架拳击手顺时针转动，反架拳击手逆时针转动），将重心转移到前腿上。同时，后腿提膝，膝关节弯曲。然后，用髋部转动带动抬起的腿蹬向对手。在转身后首先看向对手，然后顺势蹬出。用脚后跟或整只脚击打。击打腿击打完后先弯曲膝关节，然后回到地面上。

这种技术也可以在扫踢没有击中对手的情况下使用。在扫踢未命中时，踢出去的腿敏捷地后撤一步变成支撑腿，前腿不蓄力提膝，突然直接蹬向对手。在危急情况下，这种变招是出于本能，所以这种后蹬不能使出最大的力度。

图 A—D：帕蒂芬展示前腿转身后蹬，他做的是顺时针转动。

A

B

C

D

A

B

C

■ 腾空正蹬

目标：胸、下颌、面部

动作要领：

以后腿腾空正蹬为例，从格斗势开始，把重心转移到前腿上，左膝关节弯曲，然后左脚蹬地跳离地面。在向上跳的过程中，将后腿拉向胸部，转腰、转髋，用髋部转动带动腿直接蹬向目标。用脚掌、脚后跟或整只脚击打。击打完后稳定地回到地面，恢复格斗势。

前腿也可以用于施展这项技术，但力量较小。

图 A—C：帕蒂芬展示后腿腾空正蹬。

常见错误

- 在蹬击后将腿短暂地保持在空中，而不是迅速收回到地面上。这样对手就能够抓住你的腿使用投摔技术。

- 在蹬踢的过程中掉手。手必须始终保持高位，否则对手会进行有效的反击，如把你的腿偏转到一边，并用高扫踢击中你的头部而击倒你。此外，手过低将导致腿在收回到地面后难以立即用直拳击打。

- 上半身在正蹬时过于靠后。当使用髋部转动带动腿踢击时，上半身确实可以稍微后仰，但不要太靠后，否则将无法以最大的力量进行蹬击。

- 在没有髋部转动的情况下进行蹬击。要想充分发力，就必须转动髋部，并把全身的重量都压到腿上。

- 蹬击时支撑腿弯曲，用整只脚着地。正确的做法是支撑腿伸展，脚后跟抬起，将重心放在脚掌上，这有助于髋部发力。此外，如果你对击打距离判断错误，这种做法也有助于你快速地对自己的姿势做出调整。

- 用脚掌蹬击时，脚趾不向后翘，脚掌不往前推。如果脚趾接触到目标，则很容易因过度拉伸而受伤。

- 身体在蹬击后失去控制，向前摔倒。事实上，蹬击必须有力，而且必须利用身体的重量，同时也必须始终使自己保持平衡。

常规距离的膝法

膝是泰拳中最危险的武器之一。膝法专家用一个重击就可以击倒对手。例如，传奇的泰国顶级拳击手狄西莲 (Dieselnoi) 精通膝法，他在比赛中用膝法击倒了许多对手，以致最后几乎没有人愿意与他对抗。

你要想完美地使用膝法，就必须像泰拳拳击手一样首先学习正确的技术，然后反复练习，找准使用它们的时机。膝关节既可以用来攻击，也可以用来防守。

膝关节是一种短距离的武器。因此，在使用膝法之前，你应该判断你与对手的距离是否能使用膝法。判断距离时，你可以将一只手伸到对手的脸前，看看这个距离是否适合膝击，但可能惹怒对手。如果可能的话，抱住对手的颈部并把他拉向你，这样可以使膝击更有效。为了更好地防守，通常是用左手抱住对方颈部的右边部分，或者用右手抱住对方颈部的左边部分。必须记住的是，不要用双手同时抱，因为这会方便对手攻击你，如对手用上钩拳攻击你。

拳击手用腾空膝击击打对手的头部

开始一定要用一只手抓握，只有进入内围缠抱阶段才用另一只手。

顶膝的力量来自起跳、速度和髋部的运用。要想击打更有力，也可以弹跳。伸展身体、用脚掌支撑身体也很重要。

顶膝是自卫术中最重要的技法。本部分介绍的膝法都可以用在防身自卫中，裆部是首选的目标。

膝法

正顶膝

斜顶膝

飞膝

踏腿顶膝

A

B

C

■ 正顶膝

目标：胃、太阳神经丛、下颌

后腿正顶膝的动作要领：

从格斗势开始，右腿提膝沿直线对准对手，同时抬高支撑腿的脚跟，支撑腿逆时针转动。

脚掌蹬地，支撑腿伸展，借助髋部的力量使膝关节在最远处顶击对手。击打时，髋部向前，上半身后仰。注意不要掉手。击打完后迅速恢复格斗势。

为了激怒对手，你可以将你的前手短暂地伸到他的脸前。

图 A—C：查万展示后腿正顶膝。

目标：胃、太阳神经丛、下颌

前腿正顶膝的动作要领：

从格斗势开始，把前腿移到后面，然后迅速提膝并顶向对手。前腿的击打也可以很有力。

在顶膝的过程中，抬起支撑腿的脚跟，并将支撑腿顺时针转动。脚掌蹬地，支撑腿伸展，借助髋部的力量使膝关节在最远处顶击对手。撞击时，将髋部向前顶，上半身后仰。

图 D—F： 颂秋展示前腿正顶膝。从格斗势开始，他将前腿移向后方，随后迅速提膝。如图 F，他向克里斯托夫迈进了一步。

如果克里斯托夫要往后撤，颂秋可以跟着，通过将后腿移到前面来改变姿势。然后，他可以继续用顶膝进行攻击。

D

E

F

A

B

C

■ 斜顶膝

目标：肋骨、胃、头

动作要领：

以前腿斜顶膝为例，从格斗势开始，尝试用左手抓住对手的左侧颈部，或者用右手抓住对手右侧颈部。如果你成功抓住了，就将对手稍微拉向你。

前腿提膝，斜向上顶向目标，同时支撑腿顺时针转动。顶击时，髋部要向前顶。

图 A—C： 帕蒂芬展示前腿斜顶膝。

■ 飞膝

目标：太阳神经丛、下颌、面部

动作要领：

以后腿飞膝为例，从格斗势开始，将重心转移到前腿上，前腿稍弯曲，然后用前腿起跳。

在跳跃过程中，后腿沿直线击打目标。在击打的瞬间将髋部向前顶，以加大攻击力量。注意不要掉手。击打完后起跳腿首先着地，然后稳定地恢复格斗势。

图A—C：帕蒂芬展示飞膝。

这个技术在对手被之前的进攻击中并撞向擂台围绳而反弹回来的时候特别有用。

A

B

C

A

B

C

■ 踏腿顶膝

目标：下颌、面部

动作要领：

以右腿踏腿顶膝为例，从格斗势开始，前脚踩在对手大腿上，双手抱住对手的颈部以稳定你的姿势，然后前脚用力蹬对手的大腿。

用髋部发力将右腿膝关节顶向目标，同时将对手的头拉向你。击打完后平稳地落回地面，迅速恢复格斗势。

图A—C： 帕蒂芬展示踩着查万的大腿用右腿膝击。

踏腿顶膝在几个世纪前经常被拳击手使用，那时的拳击手采用的是一种近似深蹲的格斗站姿。但目前拳击手在比赛中采取的是近似站立的站姿，因此踏腿顶膝技术在比赛中已不再使用，但在泰拳表演中很受欢迎。

常见错误

- 顶膝时上半身后仰的幅度大。在使用髋部发力时，你的上半身确实可以稍微后仰，但不要太靠后，否则无法将自己的体重加到顶膝的力量中。

- 不会将自己的体重加到膝击的力量中。为了使顶膝有力，就必须将包括髋部的力量和身体的重量都转移到膝击的力量中。

- 在顶膝时，膝关节顶得太前，离支撑腿太远。这有利于对手进行反击。因此，顶膝时应使膝关节靠近支撑腿。

- 在顶膝时将重心放在支撑腿的整只脚上，没有抬起脚后跟，导致身体无法转向前方，无法将膝关节顶到最远的距离，也无法使用脚跟抬起产生的加速度。

- 膝关节不伸展或支撑腿不伸展。正确的做法是必须尽可能地伸展身体才能发挥膝法的全部作用。使用膝尖可以进行有效的击打。

- 在膝击时掉手，忽视防守。由于膝击的距离很近，你必须始终保护自己免受对手的拳法和肘法攻击，永远不能放松警惕。

- 在髋部向前顶和上半身后仰时，头过度向后仰。喉部必须始终受到保护，这也是要求下颌向下指向胸部的原因。

内围缠抱技术

在远距离或在内围的情况下都可以使用顶膝。术语"缠抱"描述了拳击手彼此距离很近时抓握对手使用膝击的情形。抓握得越好，膝法攻击就越有效。

两名泰拳拳击手在比赛中第一次进入内围时，都会使用膝法。如果其中一位拳击手的缠抱技术明显较弱，他会尽量避免再次进入内围，如果他被对手抱住，他就会向内侧转动髋部，从而减少对手踢击的效果。在对手刚要抬腿顶膝时，他可以向对手抬腿的方向或相反的方向用力把对手摔倒。随后，他可以从不同的距离继续比赛。

在利用泰拳防身自卫时，双手手指可以相互交叉以增加压力，可以对攻击者的裆部进行膝击。

要想成功应用内围缠抱技术，就需要经过高强度和长时间的训练。

拳击手试图通过环抱对手的颈部运用膝法

内围缠抱技术

基础站架

基础把位

其他缠抱把位

内围膝法

内围控制

■ 基础站架

接近对手时，抬起肩膀，下颌朝下指向胸部，以尽可能保护喉部免受对手肘部的攻击。

双脚分开大约与肩同宽，双脚脚掌着地，重心均匀分布在双脚脚掌上。该姿势最适合抵消对手的压力，并避免被摔倒。

身体伸展并稍微向后。这种姿势有助于用膝法进攻，对近距离运用技术的影响较小甚至没有影响。此外，高位使你能够对对手的头部施加最大的压力。

将一只手放在对手的后脑勺上，另一只手斜放在其手腕上以增加压力。你也可以握住自己的肘部。重要的是要将手臂放在对手的胸前，以便能够通过小幅度地左右移动对手的颈部来控制对手。这种方式可以保护自己免受对手的攻击。通过快速移动对手的颈部也可以将对手摔倒。如果对手从外部使用膝法，这就是你最好的做法。

理想的缠抱姿势。查万（左）从内侧环抱住帕蒂芬的颈部，因此他可以通过左右移动帕蒂芬的颈部来控制他

　　缠抱时，最好能把自己的把位放在对手手臂之间，因为这样更容易控制对手。所以，双手在外侧的拳击手会反复尝试将双手向内移动，从而推开对手的手臂。在这个动作中，一只手移动，另一只手继续向对手的头部施加压力。你的移动的手从上方或下方推动对手的手臂，并尝试从内侧以最近的路线到达对手的头部，一旦到达目标位置，另一只手就尝试向内跟随。

　　如果对手成功地将双手从内侧绕到你的颈部上，而且他的握持姿势更好，那么你的身体可以向他的方向伸展。在这个过程中，尝试抢到好的把位。如果在对手的颈部无法抢到把位，就尝试在他的肩膀或髋部找到把位。

■ 基础把位

想要进入内围，先用一只手尝试抓住对手的颈部。如果你成功了，先通过髋部发力将对手往自己的方向拽以稳定你的姿势，再用另一只手抓住对手的颈部。同时使用双臂会让你的对手有机会使用上钩拳或肘部攻击你，因为你的头部没有防护。

图A—C：帕蒂芬展示缠抱的方法。他先用前手抓住查万的颈部。如果查万是开放式防守或出拳的早期阶段，帕蒂芬最好从内侧控制查万（图A中帕蒂芬是从外侧抓住了查万的颈部）。他抓着查万的颈部并拉向自己，同时用另一只手臂将查万的头夹紧来保持自己的有利姿势。他现在可以将查万的头向下拉，并进行有效的膝击。

A

B

C

■ 其他缠抱把位

在缠抱中，泰拳拳击手一般会尝试抢内侧基础把位。如果不成功，还可以选择肋骨把位或对角线把位，这两个把位也可以有效地控制对手。

肋骨把位

肋骨把位特别适合对抗高大的对手。双臂环抱住对手，双手交叉放在他的背上。除此之外，你还可以用一只手握住另外一只手臂的肘部，从而稳定姿势。用力压住对方的肋骨，使其呼吸困难。稍微撤回一条腿提膝，然后用膝顶对手的腹部、肋骨或大腿。此外，你可以用下颌给对手的肩胛骨施加压力，若对手个子比较高，你可以用头撞他的下颌。

图 A—B：帕蒂芬展示肋骨把位。

A

B

对角线把位

对角线把位是双臂呈对角线环抱住对手。因此，必须将一只手臂放在对手的肩膀上方，另一只手臂放在对手的肩膀下方，然后双手在对手的脑后交叉。此外，可以用下颌向对手的肩胛骨施加压力。将对手带到一边，造成空门，然后向空门顶膝。

图 C—D：帕蒂芬展示对角线把位。

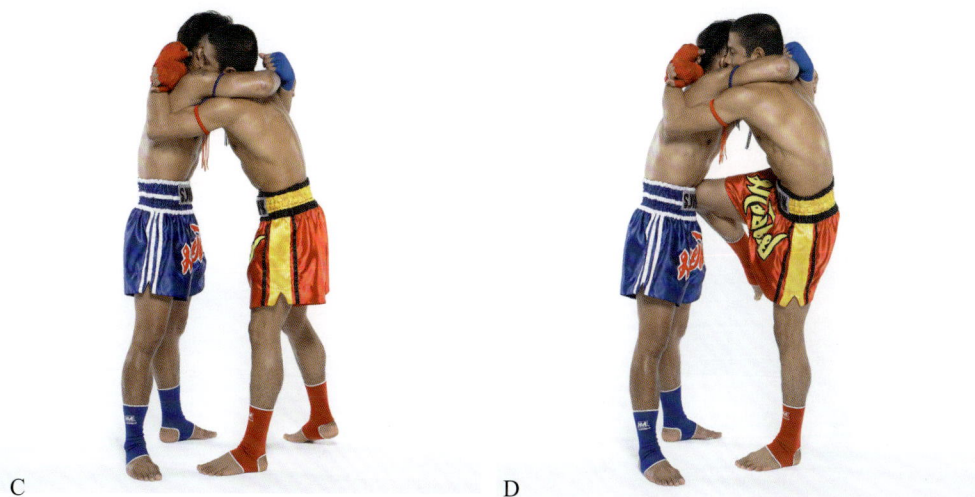

C   D

A

B

C

■ 内围膝法

在基础内围站架下，你可以直接用膝顶对手的腹部或者用膝斜顶对手的肋骨，还可以从正面或侧面对对手的大腿进行重击。

如果你成功地把对手的颈部拉下来，则将一条腿微微后撤，然后在髋部发力的情况下顶膝。

正顶膝

从基础内围站架开始，首先将一条腿稍微向后撤并提膝，将对手拉向自己。然后，髋部往前顶，带动膝沿直线顶击对手的腹部。

图A—C：查万抢到了内围优势，他向后撤右腿，并将帕蒂芬拉向自己，然后进行正顶膝。

斜顶膝

从基础内围站架开始，首先将一条腿稍微后撤，然后提膝，从下方沿对角线顶击对手的下肋骨。

你也可以沿半圆形的路线顶击对方的肋骨。这是非常有力的膝击，但是对手很容易格挡。

还有一种做法是用膝关节内侧顶击。在这个过程中，膝关节从外侧稍远的地方开始击打目标。

图 A—B：查万展示在缠抱时使用斜顶膝。他也可以用膝关节内侧沿半圆形的路线顶击。

低顶膝

从基础内围站架开始，首先将一条腿后撤，然后提膝顶击对手的大腿。

该技术用于扰乱对手进攻的时机，如阻止对手顶膝。使用该技术的时候不需要用全力，但也可用于重击。

图 C—D：帕蒂芬展示膝击查万的大腿。

A

B

C

■ 内围控制

如果你成功地从内侧环抱住了对手的颈部，你就可以在进行有效的攻击之前通过拉和推来控制对手。

向外带

在内侧把位时，向左向右拉扯对手的颈部，使其处于不受控制的姿势。此时你使用顶膝攻击他，他几乎无法抵挡。

图 A—C：帕蒂芬已夹住查万的颈部。他现在可以用向左向右拉扯查万的颈部来控制他。同时，帕蒂芬可以实施有效的膝击。

向后拉

从基础内围站架开始，并从内侧用前臂夹住对手的颈部。将一条腿向后移动，同时将对手的头向后拉并使其头朝下。后撤的腿提膝并顶击对手的下颌。这经常会结束比赛。如果你没有成功地把对手的头拉下来，那就顶击他的腹部。

图 A—B：帕蒂芬在拉下查万头的同时使用内侧把位，并稍微后撤一条腿。随后，帕蒂芬提膝顶击查万的头部。

拉到一侧

从基础内围站架开始，并从内侧用前臂夹住对手的颈部。将一条腿移到侧前方。把对手的头拉向你，另一条腿提膝顶击对手。

图 C—D：帕蒂芬将他的右腿移到右前方，在将查万的头拉向自己的时候，左腿提膝顶击查万的腹部。

常见错误

- 在内围缠抱中，双臂同时去抱对手的颈部，此时因头部没有防护而很容易受到对手用上钩拳或肘法攻击。正确的做法是先伸出一只手抱住对手的颈部，在成功抱住之后轻轻将对手拉向自己，再用另一只手去抱。

- 不将手放在另一只手的手腕上以固定对手的颈部。这样就无法利用杠杆作用把对手的头拉下来。

- 身体没有向内伸展、朝向对手，并且不是脚掌着地。这样将无法对对手施加最大的压力，对手会更容易地将你的头向下拉，并用膝顶你的头部，从而提前结束比赛。

- 在缠抱时，双脚站得太宽。这将无法伸展自己的身体，从而使对手能够很轻松地通过步法，如向外侧迈一步后把你的头向下拉。

- 双腿在缠抱时离得太近。这将无法改变压力的方向，方便对手将你摔倒。

- 重心放在一条腿上，没有均匀地分布在两条腿上。一旦对手意识到这一点，他就会将你摔倒。

- 一只手抢到了内侧把位，但对手成功地完成了双臂内侧把位。为了保持自己的有利姿势，你可以稍微抬起被对手夹住的手臂的肘部。

- 抬高的肩膀没有保护下方的下颌。在近距离格斗中，肘法最常用。出于这个原因，你必须尽可能地减少可被攻击的区域，保护好自己的下颌。

- 头上扬，喉部就会被攻击。为了保护喉部，你的下颌必须向下指向胸部。

第四章

进攻组合技术

拳击手用一记左钩拳击中对手，2000 年拍摄于仑披尼拳场

组合技术概述

组合技术的训练可以帮助你快速掌握进攻技术。这些组合练习包括空击训练、沙袋训练、手靶训练以及与搭档进行对抗训练。组合技术必须反复练习。无论是比赛还是防身自卫，你都没有时间考虑使用哪些技术，以及如何将这些技术进行结合，你只会使用经常练习的技术和组合，并本能地运用。

拳击手在比赛中使用何种技术取决于对手。在职业泰拳比赛中，泰拳拳击手一旦确定了对手，并分析了对手的弱点和优势，就会有针对性地制订比赛计划，练习某些组合。例如，如果对手的优势是强有力的直拳，泰拳教练就会让拳击手反复练习踢技和侧顶膝的组合技术，以应对对手的直拳进攻。

下面将介绍一些常用的泰拳组合技术训练。如果你是正架拳击手，就使用右格斗势；如果你是反架拳击手，就使用左格斗势。

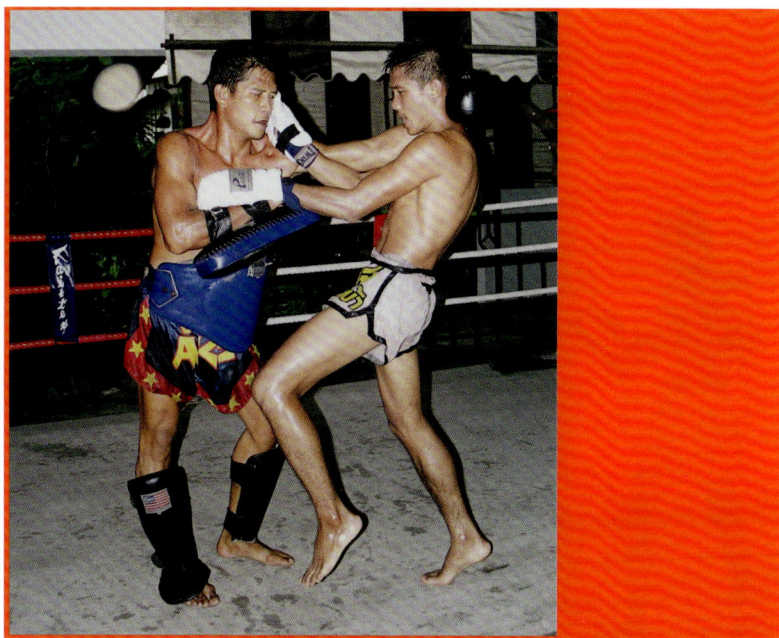

查基德（Chakid）与仑披尼拳场前冠军宁萨贾姆·费尔泰斯（Ningsajam Fairtex）练习进攻组合技术。宁萨贾姆从前腿的顶膝开始。2000 年拍摄于曼谷费尔泰斯拳馆

技术组合的顺序

两连击

（1）刺拳 + 右摆肘

（2）刺拳 + 右正顶膝

（3）右直拳 + 右中扫踢

（4）左侧钩拳 + 右低扫踢

（5）左挑肘 + 右摆肘

（6）左低扫踢 + 右直拳

（7）左中扫踢 + 右正蹬击头

（8）左正蹬 + 刺拳

（9）左正蹬 + 右中扫踢

（10）左正顶膝 + 右摆肘

左低扫踢 + 右直拳

从格斗势开始，先用左低扫踢击对手的大腿内侧，再打出一记右直拳。在训练中，建议只踢搭档的腿而不建议踢膝关节。还有一种方法是搭档佩戴护胫以格挡训练者的中等强度的低扫踢。

左正顶膝 + 右摆肘

从格斗势开始，用前腿做正顶膝，接着迅速做右摆肘。

三连击

（1）刺拳 + 右直拳 + 刺拳

（2）刺拳 + 右直拳 + 右摆肘

（3）刺拳 + 右侧钩拳 + 左挑肘

（4）左侧钩拳 + 右挑肘 + 左平肘

（5）左低扫踢 + 左高扫踢 + 右直拳

（6）左中扫踢 + 刺拳 + 右正顶膝

（7）右中扫踢 + 右侧钩拳 + 左挑肘

（8）左正蹬 + 刺拳 + 右低扫踢

（9）左正蹬 + 拉开右顶膝 + 右摆肘

（10）右正蹬 + 左中扫踢 + 右高扫踢

刺拳＋右直拳＋右摆肘

从格斗势开始，先打出一记刺拳，紧接着打出一记右直拳，最后以右摆肘结束。

左正蹬 + 刺拳 + 右低扫踢

先用前腿向前蹬对方的腹部，将腿收回地面时打出一记刺拳，随后踢对方的大腿后外侧。

注：照片是泰拳教练奥利弗·格拉托和德尔普于 2000 年在曼谷琅西体育场训练的场景。

四连击

（1）刺拳＋右直拳＋左正顶膝＋右挑肘

（2）刺拳＋右直拳＋右中扫踢＋左正蹬

（3）刺拳＋右正顶膝＋缠抱抓把＋内围左右顶膝

（4）左低扫踢＋左高扫踢＋右直拳＋右中扫踢

（5）左中扫踢＋刺拳＋右直拳＋右高扫踢

（6）右中扫踢＋右直拳＋右正顶膝＋右摆肘

（7）左正蹬＋右直拳＋拉开右正顶膝＋右砸肘

（8）左正蹬＋拉开左顶膝＋右侧钩拳＋左挑肘

（9）右正蹬＋左低扫踢＋左中扫踢＋拉开左正顶膝

（10）左侧踹＋刺拳＋右直拳＋拉开右正顶膝

刺拳＋右直拳＋左正顶膝＋右挑肘

从格斗势开始，先打出一记刺拳，接着打出一记右直拳，然后，前腿提膝往前顶，前腿落地后用右挑肘结束。

左低扫踢 + 左高扫踢 + 右直拳 + 右中扫踢

从用前腿扫踢对方大腿的方式开始组合技术的训练，再用力高扫踢头。随后，立即打出一记右直拳，最后用一个右腿中扫踢结束（在训练中要注意力度，以免踢伤靶师）。

五连击

（1）刺拳＋右中扫踢＋左中扫踢＋右正蹬＋左高扫踢

（2）刺拳＋右直拳＋左侧钩拳＋箍颈＋内围右顶膝＋右摆肘

（3）右直拳＋右中扫踢＋右直拳＋左正蹬＋右砸肘

（4）左侧钩拳＋右侧钩拳＋左钩拳＋右摆肘＋左转身肘

（5）左低扫踢＋左高扫踢＋右直拳＋右中扫踢＋左正蹬

（6）左高扫踢＋右低扫踢＋右侧钩拳＋左钩拳＋右正顶膝

（7）左中扫踢＋刺拳＋右中扫踢＋右中扫踢＋左侧踹上头

（8）右正蹬＋左低扫踢＋右正顶膝＋右砍肘＋右低扫踢

（9）左正蹬＋右低扫踢＋右中扫踢＋左正顶膝＋右直拳击腹

（10）右正蹬＋左低扫踢＋左中扫踢＋左正蹬＋左高扫踢

德尔普在曼谷琅西体育场训练，拍摄于 1999 年

刺拳＋右直拳＋左侧钩拳＋箍颈＋内围右顶膝＋右摆肘

从格斗势开始，先打出一记刺拳，接着打出一记右直拳接一记左侧钩拳，之后抓住沙袋，就像在内围缠斗一样。用左手抓住沙袋后用右腿顶膝，以右摆肘结束。

第五章

防守和反击技术

左侧的拳击手后仰以闪避对手的扫踢，2001 年拍摄于仑披尼拳场

概述

掌握了前几章中的进攻技术及其组合技术后，本章将学习如何防守和反击。你只有在正确掌握进攻技术并能熟练应用之后才能进行防守和反击技术的练习。在防守后立即进行反击，否则对手将继续向你发动连续的攻击。

通常情况下，实施步骤最少的防守和反击技术最有可能成功，但一些泰拳教练喜欢讲很多复杂的技术。从理论上讲，使用复杂的技术当然是可行的，但在真正的比赛和防身自卫中，这些技术很少运用。毕竟，对手和歹徒不会耐心等待你的防守和反击技术结束，而是会尽可能早地阻止你的防守和反击，回到自己的攻击节奏上来。

本章介绍了泰拳拳击手在比赛中应掌握的基本防守和反击技术。在你的运动生涯中，应该多学多练，不要局限于本书介绍的技术。你可以向不同的教练学习不同的技术，也可以根据电影或比赛视频自学。然而，每个人的身体素质和运动能力都不同，这就是为什么有些技术适合一部分人而不适合另一部分人。至于哪种技术对自己最有效，答案就是练得最多的技术。

开始的时候可以选择 3~5 种技术持续练习几周，直到完全掌握后，再开始练习新的防守和反击技术。通过这种方式，你可以逐步增加技术储备，成为一名不易被对手击败的"六边形拳击手"。你反复练习这些技术，不仅可以帮助你完善技术并掌握应用的时机，还能提高你的速度和力量，帮助你本能地应用这些技术。只在短时间内练习是没有任何意义的，因为你不反复练习这些技术而形成肌肉记忆，就无法在比赛中成功使用。在比赛中，当你开始考虑使用某个技术时，可能就已经错过了使用该技术的最佳时机。

职业泰拳拳击手在所有的训练课程中都会练习防守和反击技术。一旦他们确定了下一场比赛的对手，教练就会给他们制订一套训练计划，其中就包含针对对手的特点而量身定制的防守和反击技术。

注意

防守和反击技术贯穿在所有的训练课程中。你在训练中与搭档练习进攻、防守和反击技术时，让他先用约定的技术对你攻击几分钟，然后你按照事先商定的方式进行防守和反击。为了避免受伤，练习时不用全力，但必须正确完成这些动作。随后你和搭档互换角色进行训练。

防守基础

请记住，你永远不应该只学习防守，而是应该在被对手攻击后立即进行反击，否则对手会继续进攻。因此，你应该先学习防守技术，再学习反击技术。

A

下面介绍 4 种防守技术，其中的先发制人已经包含了反击。

先发制人

一旦你预测到了对手的意图，就可以在对手出招之前使用比他更快的技术击打他。一种方法是以直线方式击打，如直拳或前腿正蹬，另一种方法是向侧前方移动，这将为你提供更多的时间来使用自己的技术，如打出一记侧钩拳。

图 A：克里斯托夫用右直拳攻击，颂秋用前腿正蹬防守。

躲闪

你可以通过躲闪来避开对手的进攻，如向后退一步或后仰。这样对手将处于不利的位置，你就可以进行反击。

B

图 B：颂秋用刺拳攻击，克里斯托夫后仰躲闪。

顺水推舟

你可以将对手的大多数攻击（如直拳或前腿正蹬）偏转到一边。这样对手将处于不利的位置，你就有机会进行有效的反击。

图 C：查万用侧踹进攻，帕蒂芬将他的腿顺势偏转以保护自己。

格挡

阻止对手进攻的另一种技术是格挡。原则上，上面 3 种类型的防守必须优先考虑，因为格挡必须吸收对手的冲击力。在格斗中，许多技术都出人意料，而且速度非常快，如击打头部的技术和近距离击打技术。拳击手只能举起手臂格挡来保护自己免受拳、肘的伤害。为确保格挡成功，你必须始终保持格斗势，绝不能掉手。随后进行反击。

图 D：查万用摆肘攻击，帕蒂芬用格挡保护自己。

C

D

A

B

拳法防守反击策略

■ 迎击拳

对手的技术：使用与你相同的站架打出刺拳

动作要领：

后手用力张开挡住对方的拳头。同时，用刺拳进行反击。确保击打臂向前伸展，并将重心向对手的方向转移。

图A—B：颂秋用刺拳攻击，克里斯托夫格挡并反击。

■ 后仰并出拳反击

动作要领：

上半身后仰躲避对手的攻击。将重心移至后腿，下颌朝下指向胸部以保护喉部。若对方未击中你，他会将手臂收回恢复格斗势。在此过程中，你稍微向前倾斜并打出直拳，同时将重心朝对方的方向转移。

图 A—C：颂秋用刺拳攻击。克里斯托夫的上半身微微后仰以避开颂秋的进攻，然后立即用刺拳反击。还有一种做法是克里斯托夫快速向后退一步，再向前迈一步进行反击。

A

B

C

A

■ 偏转并出拳反击

对手的技术：有力的刺拳、后直拳

动作要领：

用一只手将对手的拳头偏转向内侧，同时转动上半身，然后用直拳反击，继续转动上半身以获得额外的力量。身体保持放松。不要将对手的手臂向内偏转太远，否则你将无法进行任何快速的移动。

图A—C：颂秋用后手直拳攻击，克里斯托夫将颂秋的右臂偏转到内侧，然后用一记右直拳反击颂秋未受保护的头部。

该技术也可以用于对抗刺拳。

B

C

■ 格挡并用顶膝反击

对手的技术：后手直拳

动作要领：

用左前臂把对手的拳头向上格挡，然后用另一只手臂抓住对手的颈部并用正顶膝反击。让对手的前臂始终保持向上，这样他就无法保持防守姿势。

图 A—C：克里斯托夫用后手直拳攻击，颂秋将他的拳向上格挡，并把克里斯托夫的颈部拉向自己后用后膝顶他的腹部。

还有一种方案是颂秋用左膝顶克里斯托夫未受保护的腹部。在这种情况下，颂秋不是将克里斯托夫的颈部拉向自己，而是在格挡后立即顶膝。

你可以尝试两种方法，并使用对你来说更容易的方法。

A

B

C

■ 用挑肘反击

> **对手的技术：侧钩拳、摆拳**

动作要领：

一旦你预判对方要打出侧钩拳或摆拳，就将上半身转向右侧。同时，用左手臂进行挑肘。在这个过程中，你不能像正常的挑肘那样将肘部向后拉太远，你必须从格斗势开始用肘关节向上击打，否则你就有被击中的危险。随后，你可以用另一只手臂实施摆肘的技术。

图 A—C： 颂秋用侧钩拳攻击，克里斯托夫用挑肘格挡。在此过程中，克里斯托夫为了保护头部，右手从头至尾都没有放下。

■ 格挡并用肘法反击

对手的技术：上钩拳击腹

动作要领：

对手用上钩拳击打腹部，你就用相对的手臂格挡，如对手用左手攻击你，你就用右臂格挡。你还要将受到攻击的身体部位转向前面，这样对方的上钩拳就无法全力击打。然后，你立即用另一只手臂实施摆肘或挑肘的技术。

图 A—C：克里斯托夫用上钩拳攻击颂秋的腹部，颂秋格挡并用摆肘反击。

A

B

C

A

B

C

肘法防守反击策略

■ 格挡并用顶膝反击

> 对手的技术：所有从上至下、从侧边击打的肘法

动作要领：

用与对手攻击手臂相对的手臂格挡他的肘法，然后用正顶膝或斜顶膝进行反击。你要保持前臂抬起，使对手的身体无法受到保护。

图A—C： 克里斯托夫用摆肘攻击，颂秋格挡，然后用膝顶向对方未受保护的腹部。

■ 格挡并用肘法反击

> **对手技术：摆肘、平肘、挑肘**

动作要领：

用与对手攻击手臂相对的手臂格挡对手的进攻动作。在这个过程中，格挡的手臂往前迎击，这样对手就不能全力攻击。然后你用另一只手臂实施摆肘技术。

图 A—C：帕蒂芬用摆肘攻击，查万格挡并用摆肘反击。

A

B

C

A

B

C

■　**上步并用顶肘反击**

对手的技术：转身肘

动作要领：

当对手开始转身时，你向前迈一步，上半身向一侧偏转，然后用肘击打他的后脑勺。如果对手顺时针转动，你就用左肘击打，左腿向前移动，反之亦然。你要将身体向前转移，如果你将身体向一侧移动以远离对手的攻击，你的动作将变得更慢且躲避效果很差。如果对手用肘法攻击你，你就用举起的手臂格挡，不要中断你的肘击动作。

图A—C： 帕蒂芬顺时针旋转用肘法攻击。查万用左挑肘以攻代守。如果帕蒂芬逆时针进攻，查万就需要换抱架上步打出右挑肘。

踢技防守反击策略

■ 后撤并用扫踢反击

对手的技术：低扫踢前腿的内侧

动作要领：

你的被攻击的腿沿半圆的路线后撤，使对手的扫踢无法命中。为了获得更大的灵活性，你的上半身可以做一个大幅度的转动，然后用你撤到后面的腿扫踢或顶膝来反击。

如果对手不是进攻你的腿的内侧而是外侧，那么后撤并用扫踢进行反击是有风险的，因为对手可能会击中你的支撑腿。

图 A—C：克里斯托夫用前腿低扫颂秋的小腿内侧。颂秋的腿后撤，并用中扫踢反击。

A

B

C

A

B

C

D

■ 格挡并用扫踢反击

对手的技术：低扫大腿外侧、中扫踢

动作要领：

用与对手攻击腿相对的腿的胫骨部位格挡对手的低扫踢（对手用左腿踢，你就用右腿的胫骨部位格挡），同时保持脚绷直、支撑腿伸展。根据对手踢腿的高度变换格挡腿的高度。如果对方用中扫踢击打你的肋骨，你就把膝抬高到肘部来格挡。随后，将你的脚短暂地放回地面，并立即用同一条腿对对手的头部或躯干进行反击。

如果对手用低扫攻击你的腿内侧，你也可以格挡，但反击将变得很困难。

图 A—C：帕蒂芬用右腿低扫踢查万的腿外侧。查万用左腿格挡，脚落地后立即用中扫踢进行反击。

图 D：帕蒂芬用中扫踢攻击查万，查万将他的格挡腿抬高到肘部。

■ 用刺拳反击

对手的技术：低扫踢腿内侧、低扫踢腿
外侧、中扫踢、高扫踢

动作要领：

一旦你预判对手要用腿法攻击你，就立即快速向前迈出一步并同时打出一记刺拳。在这个过程中，将你的重心向前转移，你的手臂和身体朝对手的方向伸展。对手将失去平衡，他的腿法也将中止。随后，你根据与对手的距离采取进一步的反击。

图A—C：帕蒂芬用中扫踢攻击查万，查万向前迈一步后用刺拳以攻代守。

A

B

C

A

B

C

D

■ 用正蹬反击

对手的技术：低扫踢腿的内侧、低扫踢腿的外侧、中扫踢、高扫踢、回旋踢

动作要领：

一旦你预判对手即将发起进攻，你就先正蹬对手的腹部。对方失去平衡时，他的踢技也会中止。随后，你根据与对手的距离用扫踢或膝法反击。

图A—C：帕蒂芬用中扫踢攻击查万，查万用后腿正蹬以攻代守。

正蹬用前腿或后腿都可以。在训练中两条腿都要练，以便在比赛中本能地使用适当的技术。用后腿正蹬后，腿落到地面变成前腿，然后用另一条腿发起强有力的攻击。

图D：在帕蒂芬使用回旋踢时，查万用正蹬对手的后背来反击。

蹬技防守反击策略

■ 用后撤步反击

> **对手技术：正蹬、侧踹、转身后蹬**

动作要领：

向后退一步以躲避对手的蹬技攻击。此外，伸展上半身，这样在对手全力蹬击时（通常会使用后腿蹬击）你就可以反击。在对方未命中目标而失去平衡时会略微向前摔倒，此时你就用后腿进行扫踢。

图 A—C： 查万用后腿蹬帕蒂芬的腹部。帕蒂芬后退一步，并稍微后仰上半身，然后用扫踢进行反击。

如果查万蹬的是帕蒂芬的上半身，帕蒂芬的上半身后仰的幅度可以大一些，下颌朝向胸部以保护喉部。

很少有拳击手会用正蹬或侧踹来攻击对方的腿。如果你遇到这种情况，就可以通过大步后撤或向后跳来保护自己，之后用扫踢来反击。

在训练中，你必须练习不同高度的正蹬反击技术。

A

B

C

A

B

C

D

■ 用偏转反击

对手的技术：正蹬击腹和侧踹击腹

动作要领：

一旦你注意到对手抬腿，就跳或快步移至外侧，双脚之间的距离不要改变。同时，用手将对手蹬过来的腿偏转向一侧。不是抓住对手的腿，而是顺势将对手的腿偏转到外侧。如果对手用左腿蹬，你就向右跨步，用左手将蹬过来的腿向左偏转。正架拳击手做这个动作时要换成反架。如果对手用右腿蹬，你就向左移动，并用右手将蹬过来的腿向右偏转。反架拳击手在做这个动作时要换成正架。

你根据与对手的距离有针对性地用后手直拳、后腿顶膝或扫踢来反击。

图 A—D：查万用左腿正蹬帕蒂芬的腹部。帕蒂芬用左手偏转，同时向外侧迈出一步（在此过程中改变了查万的姿势），然后用扫踢反击。

常规距离膝法的防守反击策略

■ 向侧方移动并用侧钩拳反击

对手技术：常规距离的膝法

动作要领：

一旦你预判对手要抬腿攻击，你就将外侧的脚向一侧迈出一步（正架拳击手要向右迈出一步变成反架；反架拳击手要向左迈一步变成正架）。同时，向对手头部打出侧钩拳，紧接着用该手臂实施摆肘的技术。

图A—C：帕蒂芬用正顶膝攻击查万，查万先将右腿向右迈了一步，并变成反架，然后迅速打出侧钩拳以攻代守。

图D：作为侧钩拳的替代方案，查万还可以使用直拳击打帕蒂芬的头部。

A

B

C

D

内围缠斗的防守反击策略

■ 用半胫半膝踢反击

对手的技术：缠抱时顶膝

动作要领：

你用半胫半膝踢对手的大腿来阻止他顶膝。你要快速地踢，否则对手可能已经完成顶膝动作了。

图 A—C：查万从内侧抱住了帕蒂芬的颈部，因此处于有力的位置。帕蒂芬用半胫半膝踢攻击查万的大腿来避免被查万推倒和摔倒。

图 D：如果对方使用斜顶膝，你就用对侧的膝进行格挡。将你的膝关节对准他的大腿中心。

■ 向一侧推

对手的技术：缠抱时斜顶膝

动作要领：

如果对手做了一系列的斜顶膝，你就可以使用该技术。因为对手在这个过程中会感到疲倦，不能再以相同的力量缠斗，因此更容易被摔倒。为了阻截对手的顶膝，你可以将髋部转向内侧，从而贴近对手。现在对手会击中你的大腿而不是膝关节，对你的冲击力就会小很多。

一旦你预判对手将用膝攻击你，你就将对手推向与他抬腿相反的方向，随后用膝顶他的腹部进行反击。

图A—C：帕蒂芬用斜顶膝攻击查万，查万预判了帕蒂芬的意图后将帕蒂芬朝与他抬腿相反的方向推，随后用顶膝进行反击。查万也可以将帕蒂芬朝他抬腿的方向推以让他跌倒，但这样就很难使用膝法反击。

图D：如果对手用左腿踢，你就向左转髋贴近他。如果他用右腿踢，你就向右转髋贴近他。

A

B

C

D

A

B

C

■ **格挡并用摆肘反击**

对手的技术：缠抱时从下方抢把位

动作要领：

如果你成功抱住了对手的颈部，对手试图用一只手从下方往上伸准备抱你的颈部进行反抢。此时你可以先格挡再用摆肘反击。首先将对手的手稍微向下格挡，然后用摆肘击打对手头部未受保护的部分。按住对方的手和做摆肘的动作要以最快的速度一气呵成。

图A—C：帕蒂芬试图从下方往上伸去抱查万的颈部，查万挡住帕蒂芬的手并用摆肘击头。

■ 推开

对手的技术：缠抱时内侧把位

动作要领：

如果对手试图抢内侧把位，或者已经成功抢到但抓握不牢，你就可以将他推开。具体做法是先用一只手的手掌从下方推对手的下颌，再将另一只手掌放在先前的手掌上面。伸展双臂，将对手的下颌推离你。随后你可以用扫踢或顶膝反击。

图A—C：帕蒂芬试图用牢固的内侧把位获得优势，查万将帕蒂芬的头用力推到后面来破解。

A

B

C

第六章

泰拳的训练方法

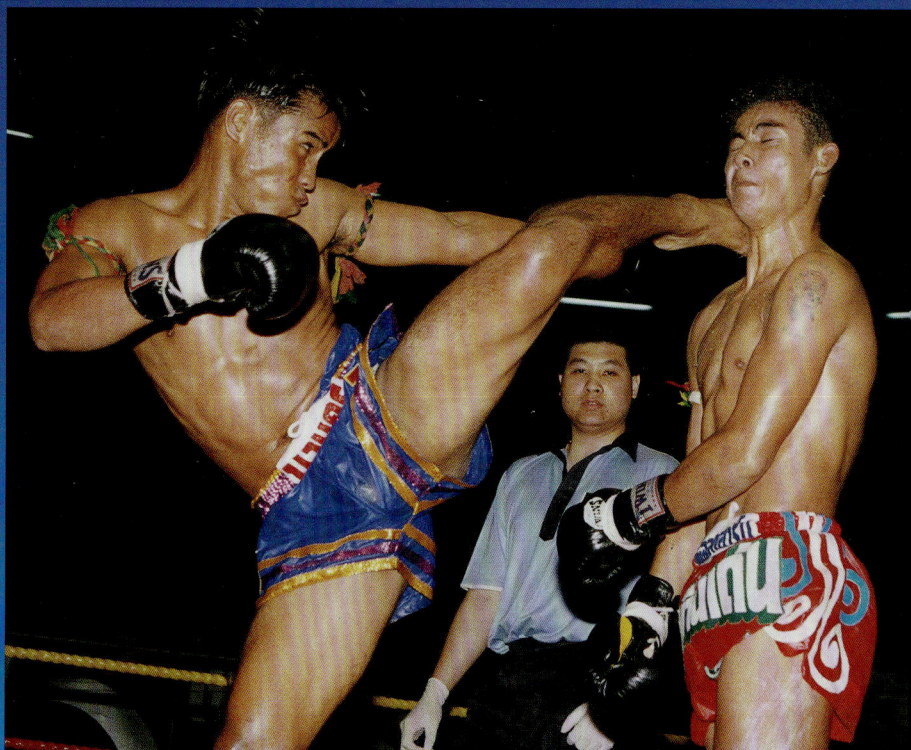

拳击手全力扫踢对手

训练概述

　　泰拳拳击手以其精彩绝伦的扫踢、战斗力和耐力让观众兴奋不已。台上一分钟，台下十年功。他们必须经过多年的艰苦训练才能达到高水平。你只要持续不断地练习，也可以获得非凡的技能。

　　泰拳教学可以追溯到几百年前。今天的许多泰拳训练元素中也有历史训练的内容，目前已经进行了许多调整。同时，装备的改进，如拳击手套、泰式靶具和头部护具等都有助于训练方法的改进。

　　一堂泰拳训练课程的内容包括以下几个方面：用空击练习进攻技术、防守和反击技术，用沙袋和手靶练习节奏和力量，与搭档一起练习缠抱技术在实战中的应用。与搭档合作训练时要避免受伤。

　　运动目标决定训练计划。如果你只是想学习一门武术，那么参加大众化的泰拳训练课程即可。如果你想参加格斗比赛，则必须参加额外的耐力和力量训练课程。必须牢记，泰拳拳击手必须不断改变训练方式以避免运动表现停滞不前。

这张合影拍摄于 1999 年，在曼谷泰拳学院

历史训练方法

拳击手用毛巾训练

几个世纪前，泰拳拳击手会使用日常用品来训练，如椰子、柠檬和毛巾。毛巾的一头缠在髋部，但不是作为裤子或腰带。

训练内容因教练而异，通常按照以下步骤进行：

第一步，学习格斗势。

第二步，学习泰拳步法。泰拳步法一直要练到看起来很自然且已经成为本能才行。

第三步，借助毛巾练习拳法。拳击手把毛巾挂在脖子上，一只手握住毛巾的一头，另一只手握住肩部的毛巾。一只手练习直拳，另一只手举起进行保护。

以下步骤因师傅而异，这也是只有少数传统训练方法流传下来的原因。

一种学习防止掉手的方法是师傅手里拿着2根棍子。徒弟练拳时哪边手掉下来，他就用棍子击打掉下来的手。徒弟一直练习到不掉手为止。

用椰子树来练肌肉。徒弟通过爬椰子树来锻炼手臂、肩膀、背部和腿部的肌肉。

柠檬也被用于训练。师傅会将柠檬绑在齐颈高的绳子上。徒弟沿着一排柠檬移动以练习拳法、肘法、防守和反击技术。这种训练方法主要是训练掌握节奏的技巧和视野。

在海洋、湖泊和河流中游泳以及在齐膝的水中慢跑。

徒弟在齐胸的水中练习拳法和肘法，师傅从上方泼水。师傅泼水时，徒弟要尽量避免眨眼，对溅过来的水要进行躲闪和格挡拍击。

把一个椰子放进水里，徒弟用拳法和肘法打它，直到椰子被打出洞注入水后沉没。一般初学者用绷带绑手进行练习，而高级学徒则赤手进行练习。

师傅把香蕉树砍得与人一样高，然后插进沙子里。徒弟从不同的角度对着树练习拳法、蹬技和踢技，直到它折断。

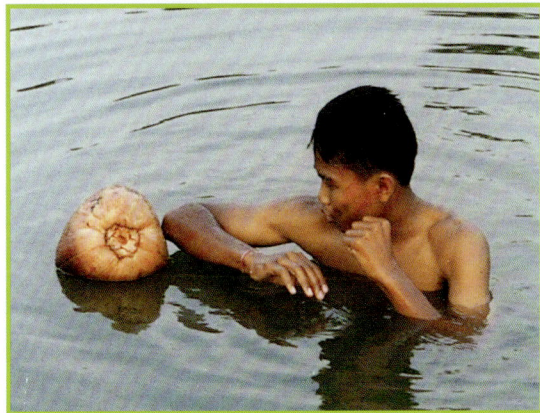

用椰子在水中练习拳法和肘法

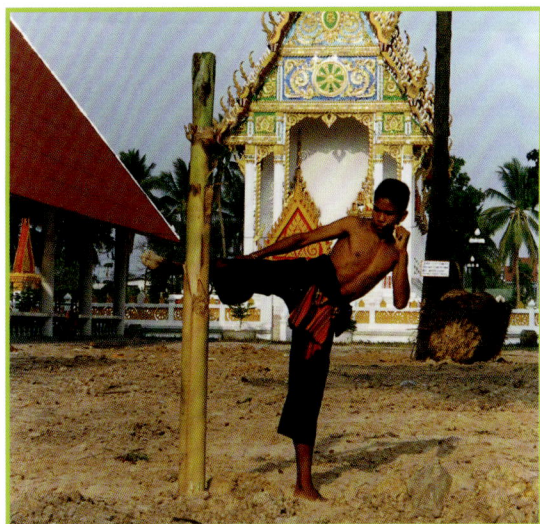

用香蕉树练习腿法

训练内容

训练课程包括热身、主体部分和放松 3 个阶段。热身阶段主要是让身体为训练做好准备，通过一些低强度的活动来激活身体、拉伸肌肉。主体部分首先是在空击中练习基本技术和组合技术，其次是在沙袋上快速且全力地练习所学的技术，最后用手靶与搭档一起训练。高级学员还会进行轻实战练习。

放松阶段通常从一些肌肉强化练习开始，专注于锻炼上半身的肌肉和之前训练中被忽视的肌肉，然后做一些拉伸运动来放松肌肉。放松活动有助于身体快速再生，防止肌肉紧张。

以下推荐的训练计划仅供参考。每个教练都制订了自己的计划，流程与下面的计划相似，都包含泰拳训练的重要内容。

如果你是自学，可以根据自己的要求和水平对下面的训练计划进行调整。例如，如果你的目标是提高灵活性，就可以加强拉伸练习。如果你没有搭档，就多做空击训练和沙袋训练。如果你在其他的训练课程中定期锻炼肌肉，就去掉肌肉锻炼的内容。但是，你在每次训练前必须热身，在训练后必须放松。

泰拳课流程

1. 热身
   激活（激活身体的动作）　　　时间：5~10 分钟
   拉伸　　　　　　　　　　　　时间：最少 10 分钟

2. 主体部分
   空击　　　　　　　　　　　　时间：5~15 分钟
   沙袋训练　　　　　　　　　　回合数：3~5 个
   手靶训练　　　　　　　　　　回合数：3~5 个
   与搭档进行对抗训练　　　　　时间：10~15 分钟

续表

轻实战　　　　　　　　　　回合数：3~10 个
缠抱训练　　　　　　　　　时间：5~15 分钟

3. 放松
肌肉锻炼（肌肉力量训练）　时间：10~20 分钟
放松活动（低强度的针对性训练）时间：约 5 分钟
拉伸（轻度拉伸恢复）　　　时间：3~5 分钟

克劳迪娅·海因正在训练中

热身

热身阶段的练习主要是让身体为训练做好准备。先做热身的动作，冉做拉伸的动作。

热身动作

选择一个动作，让你的身体热起来。这个动作是以恒定速度进行的，应该是放松的，让你感到舒适的。不要做任何快速而突然的动作，以避免受伤。此阶段旨在让身体为训练做好准备，而不是为了追求运动表现。选择一个你在活动期间仍然可以讲话的动作来热身。热身活动应该持续 5~10 分钟，最好是活动到你的身体微微出汗。

慢跑和跳绳非常适合热身。在跳绳的初级阶段，不要做高难度的动作（如双飞），以避免受伤。"定点出拳"也适合热身，练习时双腿分开与肩同宽，不间断地在空中打出上钩拳、直拳。在此过程中，反复弯曲膝关节，但不要离开站立点，持续练习几分钟。

拉伸

你激活了身体后就可以开始拉伸。要拉伸全身所有的肌肉，尤其是薄弱的肌肉。拉伸可以减轻肌肉的紧张，让身体变得灵活。如果你不拉伸，不仅在练习泰拳技术时有受伤的危险，而且身体也不会为接下来的训练做好准备，无法产生最佳的运动表现。

尽可能多地拉伸。即使你中断了训练，也必须定期拉伸。经过几个月的拉伸练习后，你就能够做高难度的动作，如高扫踢。

每次拉伸应至少持续 10 分钟。如果灵活性和敏捷性是训练课程的主要目标，那么你可以延长拉伸的时间。

拉伸的方法

常见的拉伸形式有静态拉伸和动态拉伸。

在开始拉伸时，你应仔细选择一个让自己感到轻微被拉伸的姿势，保持几秒钟，有意识地放松肌肉。关于应该拉伸多长时间，众说纷纭，我建议保持这个姿势最多 20 秒，有了更多经验之后就不必再拘泥于时长。

在拉伸一段时间后，你应加大拉伸的幅度，要感觉到新的张力。拉伸姿势也必须让你感到舒适，否则必须更正。

最后，你要小心地从拉伸姿势恢复起始姿势。

- 慢慢地将你的肌肉拉伸到一个你能感觉到轻微紧张的姿势。
- 在刚开始做拉伸练习时可以保持一个姿势约 20 秒。
- 拉伸一段时间后，要增加拉伸的幅度，直到感觉到新的张力，也应保持约 20 秒。
- 要认真地放松肌肉。

拉伸的规则

采取稳定的起始姿势，全神贯注地进行拉伸。在进行高强度的拉伸时，身体不稳可能会让你超出极限姿势而受伤。

缓慢而小心地拉伸以找到正确的姿势，突然的大幅度拉伸动作可能导致严重受伤。结束拉伸恢复起始姿势时也应缓慢进行。

你的身体能力决定了拉伸幅度。每个人每天都有不同的肌肉张力，所以你应该根据自己的身体能力选择适合自己的拉伸动作和幅度，绝不能盲目用力拉伸。

如果你在拉伸的过程中感到疼痛，则一定要及时放松，否则会拉伤韧带。只有在常规锻炼中慢慢使放松的肌肉适应新的拉伸姿势，灵活性才会提高。

在拉伸时，你要将注意力集中在拉伸的肌肉上，缓慢并有规律地呼吸，并观察肌肉的松弛情况。

有规律地拉伸是长期提高和保持灵活性的先决条件。每周至少进行 2 次拉伸，不要长时间不做。2 次拉伸练习之间的间隔不是固定的，因为拉伸的目的是让身体变得灵活。

拉伸的计划

以卜是升始泰拳训练时可以使用的拉伸计划。每个人都可以使用该计划，因为它可以拉伸所有重要的肌肉。随着时间的推移，它会提高你的运动表现。

当你改变训练计划的动作时，必须确保所有肌肉群都能得到拉伸，每组肌肉都必须单独拉伸。例如，你可以先拉伸小腿肌肉，再进行腿部肌肉的复杂锻炼。这样可以避免因小腿肌肉僵硬而限制运动强度。

图 A：拉伸颈部肌肉。头向左倾斜，右臂自然垂下。将左手放在头上辅助拉伸。然后，再做右侧的练习。

图 B：拉伸颈部肌肉。双手十指交叉放在头后，慢慢地低头，同时双肘向后拉，用手掌轻轻按压后脑勺以加强拉伸。

A　　　　B　　　　C

图C：拉伸上背部、肩部和腹部的肌肉。双手手指交叉，向前伸展手臂，同时将手掌远离身体并伸展背部。然后，将手臂举到顶部，身体自然拉伸。

图D：拉伸胸部和上臂肌肉。弓步站姿，手臂呈"U"形抬起。扩胸的同时手臂向后移动，直到身体感到轻微紧张。

图E：拉伸肩部和上背部肌肉。双手交叉放在对侧的肩胛骨上。手臂保持在水平位置。双手拉肩胛骨。

图F：拉伸肩部、胸部和手臂肌肉。双手的手指在背后相扣，这将使前臂处于垂直位置。用左手对右肘施加压力，从而降低右臂的位置。然后，交换双手的位置。

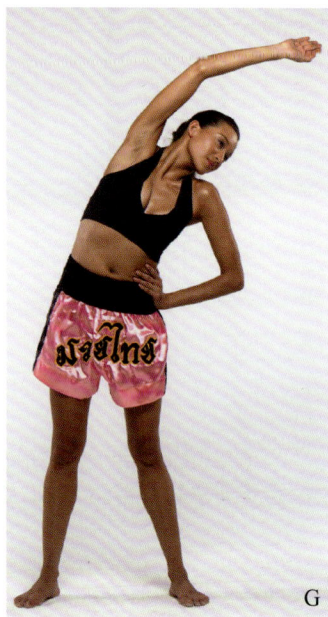

图 G：拉伸胸部和背部的外侧肌肉。将右臂向上伸展到空中，上半身向左倾斜。随后进行右侧的练习。

图 H：拉伸小腿肌肉。弓步站姿。慢慢伸展后腿，将脚后跟朝地面的方向踩，直到感觉小腿有轻微的紧张。

图 I：拉伸大腿后部和后背的肌肉。站直，双脚并拢，双膝伸直，然后向前做体前屈，直到双手触及地面。

图 J：拉伸髋部和大腿前侧的肌肉。直立，右脚朝后抬起，右手抓住右脚尽可能使脚向髋部方向移动。

H

I

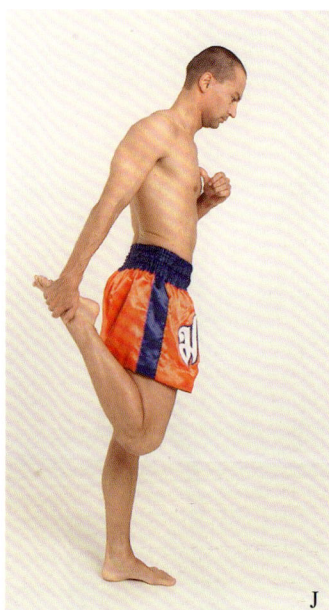

J

图K：拉伸大腿后部肌肉、髋部肌肉和大腿前部肌肉。从后腿向后的弓步姿势开始，慢慢地将髋部和前腿向前推，直到大腿感到轻微的紧张。

图L：拉伸大腿内侧和背部的肌肉。从站立姿势开始进行横叉的练习。确保髋部不会向后移动，上半身保持中立位。保持这个姿势几秒钟。

图M：拉伸大腿内侧和背部的肌肉。从站立姿势开始进行横叉的练习。将手臂放在身后的地面上。

图N：拉伸大腿内侧和背部的肌肉。在M动作的基础上，将双手放在身前的地面上，并让上半身尽量贴近地面。

图O：拉伸髋部、大腿外侧和背部的肌肉。双腿伸直坐在地面上，首先将右腿尽可能靠近左髋部。用左臂将膝关节推向外侧。

K

L

M

N

O

主体部分

学员在泰拳训练的主体部分主要学习进攻技术、组合技术、防守和反击技术。课程包括空击训练、沙袋训练、手靶训练、与搭档进行对抗训练、轻实战、缠抱训练。必须先学习空击，然后才能对着一个物体运用自己所学的技术。高级学员在他们的训练课程中增加了轻实战和缠抱训练。

空击训练

在空击训练中，徒手练习泰拳的技术和战术。

初学者在开始的时候可以放慢速度，等熟练之后再加快速度。先练习单个技术，再练习组合技术。许多泰拳拳击手在快速练习组合技术时会掉手，一定要重视这个问题。如果你是自学，那么可以在镜子前练习技术。

高级学员在空击时会假想面前有个对手，假想对手朝自己冲来，自己迅速躲闪或摇闪。他会使用全部学到的技术来防守和反击想象中的对手。

如果你的训练是为了准备比赛，你可以根据对手量身定制空击训练计划。在训练中想象对手的格斗风格，并在空击中练习自己的战术。

沙袋训练

沙袋训练就是把所学技术运用在沙袋上以使身体变硬，并在击打过程中增强力量和耐力。因此，每次出拳、正蹬和扫踢都应该使出全力，也必须保证技术动作是正确的。为了避免在练习拳法时受伤，你必须保持手腕是笔直的。

最适合训练的沙袋长度至少为 1.5 米，这便于你练习腿法。未经专门训练的学员最初应用由柔软填充物（如布）填充的沙袋练习，因为任何不正确的技术都会带来很高的受伤风险。训练有素的学员可以用由硬填充物填充的沙袋练习，以使胫骨变得更硬。木屑是一种理想的填充物。学员在经过几个月的训练后可以在沙袋里添加一定量的沙子来使沙袋的硬度加大，以使身体适应新的要求。该过程可以定期重复。必须注意的是，只有极少数泰拳拳击手能够用装满沙子的沙袋进行练习。

初学者可以先以较慢的速度练习组合技术，再加快速度。进阶的学员可以在沙袋上自由练习，即没有任何规定的技术，全凭自己的本能出拳。

在准备比赛时，教练会根据对手的风格给学员定制一套组合技术，学员必须反复练习这些技术，以便能够在比赛中本能地使用。

手靶训练

手靶训练是教练手持靶具、学员进行击打的练习，以培养学员掌握时机和判断距离的能力。练习时要注意动作的正确性。

初学者有必要在进行手靶训练之前确定即将重点练习的技术。你可以让教练或搭档说出该技术的名称，你听指示以练习特定的技术。可以先练习单个技术，再练习组合技术。每一组的练习持续 3 分钟。

进阶学员可以自由练习，即无须教练或搭档说出特定的技术名称，学员根据自己的本能练习。

手靶练习在备战时特别重要，因为靶师能够模拟不同的情况和风格。例如，他可能会向你施加压力、向你移动、要求你用正蹬和顶膝来反击，他还会使用进攻技术来引导你反击。

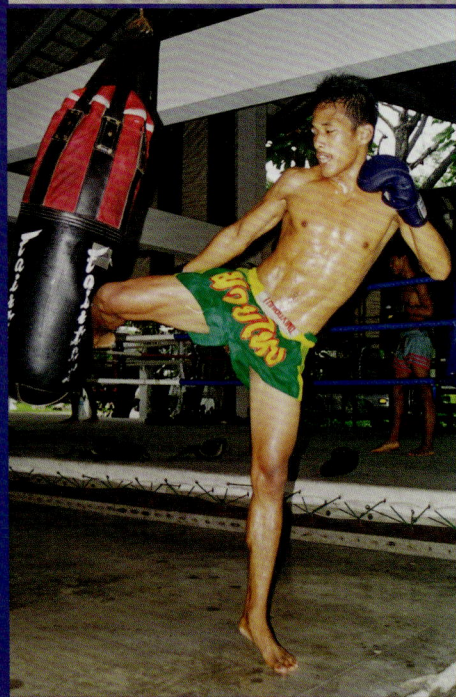

仑披尼拳击手科科·菲尔泰斯（Coke Fairtex）正在进行训练，2000 年拍摄于曼谷的菲尔泰斯拳馆

左图：亚披勒正在教他的学生练习肘法。2000 年拍摄于菲尔泰斯拳馆
右图：德尔普和德查大师（右）在训练中。1995 年拍摄于玛哈沙拉堪省

与搭档进行对抗训练

在与搭档进行对抗训练中，进攻、防守和反击技术都是与真人进行练习的，这种练习可以培养把握时机的能力和距离感。

初学者应先练习单个技术。你应该提前把需要练习的技术告知搭档。例如，你打出刺拳，让搭档将其偏转到内侧并出拳反击。重复练习该技术几分钟，然后你和搭档互换角色。双方都练习完了之后再换新的技术动作进行练习。

进阶的学员可以在每次训练中不断重复一些防守和反击技术，此外还应不断添加新技术来提高自己的能力。在训练中，你可以让搭档一直进攻，你一直进行防守和反击。所有的进攻技术动作都应保证正确，但用力不用太大，这点非常重要，因为负责防守的人可能会变得紧张，从而只使用他掌握得特别好的技术。

在准备比赛时，你应该特别加强防守和反击技术的训练。如果你知道对手是一个进攻型的选手，你就应加强格挡和躲闪技术的训练。

轻实战

轻实战就是与搭档自由地练习进攻、防守和反击技术。也就是说，双方事先没有约好使用特定的技术，而是模拟真实的对抗。

轻实战只适合进阶学员练习。在进行轻实战之前，教练需要确定规则。如果你正在准备比赛，则应选择与下一场对手有尽可能多相似之处的搭档，如体型、格斗风格和技术特点等。让你的搭档尽量模仿对手的技术，你根据他的动作做出反应。

缠抱训练

在缠抱训练中，练习把位、箍颈和抢内围的姿势，并建议使用膝法和摔的技术。在此过程中，你还需要加强耐力和力量训练，尤其是提高颈部肌肉的耐力和力量。

初学者练习进入内围缠斗的把位时，用一只手去抓把，另一只手保护自己免受对手用拳法和肘法攻击。然后，练习箍颈和抢

内围缠斗训练，2000 年拍摄于菲尔泰斯拳馆

内围的能力，建议在此过程中使用膝法和摔的技术。在这个阶段的训练中，你不需要使用全力，只需要专注技术即可。

有一定基础的学员练习箍颈和抢内围时可以加大力度。

在备赛期的训练中要全力练习箍颈和抢内围的能力。如果搭档穿着厚实的护具，你就可以用全力顶膝进行攻击。缠抱训练非常重要，因此通常是泰国拳馆训练课的重要组成部分（10~30分钟）。

放松

训练的放松阶段一般从一些肌肉强化练习开始，以身体放松活动和肌肉拉伸结束。

肌肉锻炼

在肌肉冷却阶段，许多健身房都会使用下面的方法。

图 A：俯卧撑。用拳头着地的俯卧撑通常是为了提高出拳的力量。弯曲和伸展手臂时要注意背部挺直。

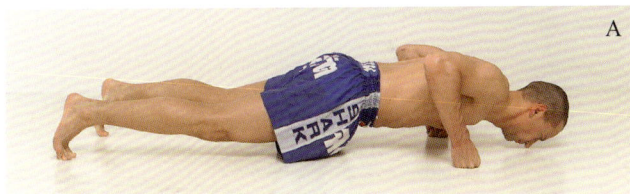

图 B：卷腹。上半身做上升和下降的动作。腹部肌肉在整个练习过程中都要保持紧张。

图 C：伏地挺身。俯卧，腹部着地，同时抬起手臂、头部和腿部，保持一定的时间后再落下。

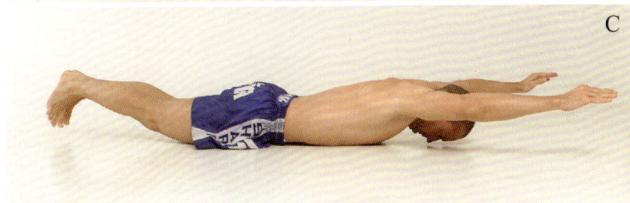

向前方、侧面或下方出拳能锻炼胸肌、肩部肌肉。你可以在没有泰拳训练的日子里加强肌肉训练，或者将一些肌肉练习融入泰拳训练的放松阶段。

如果你在泰拳训练中加入肌肉强化练习，则应按照力量耐力的训练方法进行练习，即每组重复 15~30 次。

部分肌肉强化训练最好是加强锻炼上背部、肩中部和后部、胸部的肌肉。

放松活动

放松肌肉有助于身体更快地恢复。放松活动应该缓慢进行，用 5~10 分钟。慢跑或低强度地骑自行车是特别理想的放松活动。

拉伸

训练结束要再次拉伸以放松紧张的肌肉。不要使用任何幅度过大的拉伸姿势，因为肌肉已经疲劳，容易发生痉挛。

第七章

泰拳的训练计划

业余选手的训练时长

初学者首先学习的是基本进攻技术、一系列防守和反击技术。每周至少要参加 2 次泰拳练习，这样才能不断进步。如果你每周练习 2 次，持续大约 6 个月，就应该能够正确完成基本技术。然后，练习新的技术。经过几年的训练，你也有可能成为泰拳高手。

但对于准备参加格斗比赛的人来说，每周 2 次训练是不够的。如果你不进行额外的力量和耐力训练，则应该增加训练的次数。

泰拳是塑形的有效方法，模特涂畅（Tui Sang）在训练中

业余水平的比赛训练

如果你要参加业余水平的比赛，每周进行 3 次泰拳训练和额外的体能训练，你的表现将会迅速得到提高。体能训练可以提高耐力，有助于你进行更长时间、更大力量的技术训练。

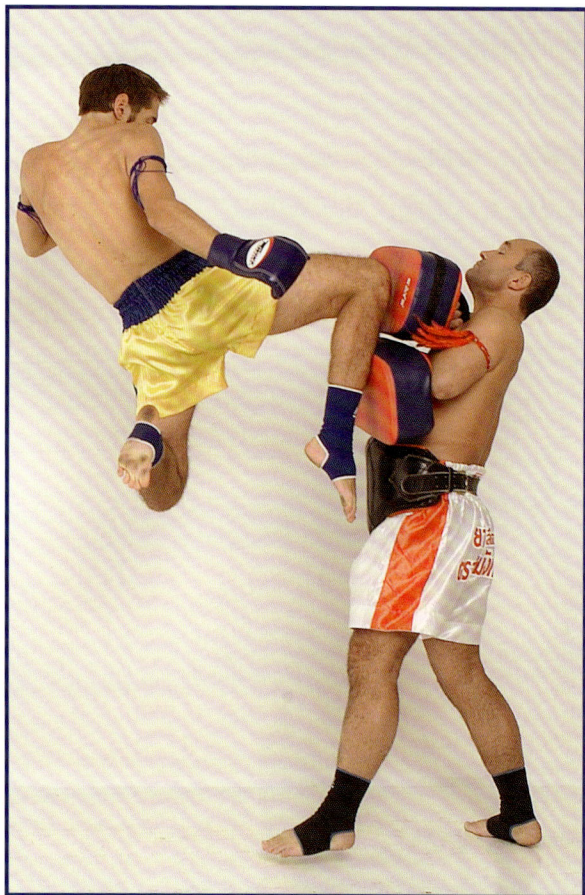

如果你想参加业余水平的比赛，且不需要在比赛前减掉太多体重，每周进行 6 次训练就能取得不错的成绩。

你必须经常修改训练计划，以满足身体的新需求。如果你的身体习惯了一套训练计划，你的运动表现就会停滞不前。因此，你应该不断设计新的训练周期，涵盖 6~12 周的训练。每个训练周期的目标可以有所不同。一个周期结束后，稍微改变计划后再继续进行练习。建议你在训练日记中记录你的训练计划和运动表现，以监控长期的身体表现情况。

2003 年世界业余锦标赛选手迈克尔·沃斯展示了飞膝训练

10 周训练计划

下面的 10 周训练计划旨在提高特定的运动表现。

第 1 周至第 6 周计划用于提高泰拳表现，为此每周安排了 3 次泰拳训练课程、2 次耐力训练、1 次力量训练。

第 7 周至第 10 周，泰拳训练的强度保持不变。耐力训练的主要目标是保持表现水平，所以每周安排 1 次训练就足够了。力量训练增加到每周 2 次。

	周一	周二	周三	周四	周五	周六	周日
第1周	M	S	M	P	M	S	B
第2周	M	S	M	P	M	S	B
第3周	M	S	M	P	M	S	B
第4周	M	S	M	P	M	S	B
第5周	M	S	M	P	M	S	B
第6周	M	S	M	P	M	S	B
第7周	M	P	M	S	M	P	B
第8周	M	P	M	S	M	P	B
第9周	M	P	M	S	M	P	B
第10周	M	P	M	S	M	P	B

M= 泰拳训练。
S= 耐力训练，如跑步、骑自行车或游泳。
P= 力量训练，推荐使用哑铃和（或）力量系统训练。
B= 休息，帮助身体恢复。

职业水平的训练

职业泰拳拳击手为了获得最佳的表现水平，他们将自己的一生都奉献给了这项运动。他们通常在上午训练1次，在下午训练1次。星期天是休息日，以让身体恢复。

职业泰拳拳击手们经常会在确定了对手和规则之后制订为期12周的训练计划来备赛。教练会根据泰拳拳击手的个人要求为其量身定制一套训练计划。

比赛结束后，为了帮助泰拳拳击手进行身体恢复，教练会降低训练强度。几个星期后，教练会安排新的周期训练计划，帮助泰拳拳击手保持当前的身体机能水平，并加强其短板的训练。一旦确定了新的比赛日期，教练就会制订新的比赛训练计划。有的泰拳拳击手也会在短时间内参加另外一场比赛，如一场比赛中，一名泰拳拳击手无法参加比赛，但发起人必须找到一名替补对手。泰国小级别体重组的泰拳拳击手经常参加许多比赛，这就需要他们全年进行高强度的训练。

通猜·刀希拉猜（Thongchai Tor. Silachai）被认为是近年来最优秀的泰拳拳击手之一

泰国拳馆的训练计划

在大多数的泰国拳馆中，拳击手按照下面的训练计划或相似的计划进行训练。每周一到周六上午和晚上都有训练，但强度不同；每周日休息，以帮助拳击手进行身体恢复。

	高强度	低强度
上午		
跑步或跳绳	6.4 千米或 20 分钟	3.2 千米或 15 分钟
空击训练	15 分钟	10 分钟
沙袋训练	5 个回合	3 个回合
手靶训练	5 个回合	3 个回合
与搭档进行对抗训练和缠抱训练	20 分钟	10 分钟
力量训练	按照计划	按照计划
下午		
跑步或跳绳	6.4 千米或 20 分钟	3.2 千米或 15 分钟
空击训练	15 分钟	10 分钟
沙袋训练	5 个回合	3 个回合
高强度或中强度的轻实战		
（每周 3 次）	20 分钟	10 分钟
手靶训练	5 个回合	3 个回合
与搭档进行对抗训练和缠抱训练	20 分钟	10 分钟
力量训练	按照计划	按照计划

一名完全筋疲力尽的拳击手被对手摔在围绳上

参考书目

—.Anderson, Bob. Stretching—Dehnubungen, die den Körper geschmeidig und gesund erhalten.München, Germany:BLV Verlag, 1996.

—.Delp, Christoph. Thai-Boxen basics.Stuttgart, Germany: Pietsch Ver lag, 2005.

—.Best Stretching.Stuttgart, Germany: Pietsch Verlag, 2005.

—.Fitness für Männer.Stuttgart, Germany: Pietsch Verlag, 2005.

—.Fitness für Kampfsportler.Stuttgart, Germany:Pietsch Verlag, 2005.

—.Bodytraining im Fitness-Studio.Stuttgart, Germany:Pietsch Ver lag, 2004.

—.Fitness für Frauen.Stuttgart, Germany:Pietsch Verlag, 2004.

—.Fit für den Strand.Stuttgart, Germany:Pietsch Verlag, 2004.

—.Muay Thai:Advanced Thai Kickboxing Techniques.Berkeley, USA:Frog, 2004.

—.Muay Thai.Stuttgart, Germany:Pietsch Verlag, 2004.

—.So kämpfen die Stars.Stuttgart, Germany: Pietsch Verlag, 2003.

—.Thai-Boxen professional.Stuttgart, Germany:Pietsch Verlag, 2002.

—.Bodytraining für Zuhause.Stuttgart, Germany:Pietsch Verlag, 2002.